U0510155

青海师范大学黄河文化研究院、青海省博物馆支持项目

青海彩陶研究

李健胜　象多杰本　编著

文物出版社

图书在版编目（CIP）数据

青海彩陶研究 / 李健胜, 象多杰本编著. -- 北京：
文物出版社, 2019.10
　　ISBN 978-7-5010-6234-8

　　Ⅰ. ①青… Ⅱ. ①李… ②象… Ⅲ. ①彩陶—陶器
（考古）—研究—青海 Ⅳ. ①K876.34

中国版本图书馆CIP数据核字（2019）第167987号

青 海 彩 陶 研 究

编　　著：李健胜　象多杰本

责任编辑：窦旭耀
封面设计：程星涛
责任印制：梁秋卉

出版发行：文物出版社
社　　址：北京市东直门内北小街 2 号楼
邮　　编：100007
网　　址：http://www.wenwu.com
邮　　箱：web@wenwu.com
经　　销：新华书店
印　　刷：北京荣宝艺品印刷有限公司
开　　本：889mm×1194mm　1/16
印　　张：7.5
版　　次：2019 年 10 月第 1 版
印　　次：2019 年 10 月第 1 次印刷
书　　号：ISBN 978-7-5010-6234-8
定　　价：160.00 元

本书版权独家所有，非经授权，不得复制翻印

目 录

图片目录

前　言

　　青海彩陶是我国彩陶史上最为繁盛、绚烂的一页。仰韶文化庙底沟类型，马家窑文化马家窑、半山、马厂类型，齐家文化，辛店文化和卡约文化彩陶，共同构成了青海漫长、丰富的彩陶发展史。青海彩陶由中原彩陶文化孕育而来，在早期移民与当地土著的共同作用下，青海成为彩陶文化的中心区域之一。

　　近代以来，青海彩陶受到学术界的持续关注，安特生、裴文中、夏鼐、苏秉琦、安志敏、俞伟超等国内外著名学者考察、研究过青海彩陶文化。青海发现的民和阳山、同德宗日、乐都柳湾、民和喇家等遗址，因数量惊人的彩陶或丰富多样的文化内涵，引起社会各界普遍关注。

　　有关青海彩陶的研究、鉴赏，要么是深入细致的考古学研究成果，要么是彩陶照片加简单文字说明的图录，使得对青海彩陶的认知或仅限于学术研究，或停留在直观赏析层面。有鉴于此，青海师范大学黄河文化研究院和青海省博物馆合作，通过整合近百年来的研究成果，并配以清晰的彩陶图片，以文字加图版的形式，研究、展示青海彩陶文化。尽管我们以编著的形式展开研究，但在早期移民与青海彩陶的生成与发展，马家窑文化彩陶长距离贸易问题，齐家文化、辛店文化及卡约文化彩陶的渊源、族属等问题上，提出了自己的见解。

　　本书出版资金由青海师范大学资助，插图主要由青海省博物馆提供，所用马家窑类型舞蹈纹彩陶盆（大通县上孙家寨出土）、半山类型折线纹彩陶鼓（民和县新民阳山墓地出土）、马厂类型裸体人像壶（乐都县柳湾出土）、马厂类型蛙纹彩陶壶（乐都县柳湾出土）、齐家文化双耳彩陶罐（乐都县柳湾墓地出土）、宗日文化折线纹夹砂彩陶壶（同德县宗日遗址出土）6张图片由贾鸿键先生提供。在此一并表示衷心谢忱！

第一章 青海彩陶的来源

青海彩陶的生成、发展时期甚为漫长，不能笼统以"某某"说概括青海彩陶的来源，应当利用考古学材料深入分析这一问题。史前移民活动是青海彩陶文化生成与发展的内在动力，除了以考古类型学分析彩陶文化的演进外，还应充分考量不同人群的徙入及族群融合对青海彩陶文化的作用与影响。

第一节 青海彩陶来源诸家说

考古发现证实，青海民和、化隆等地出土了仰韶文化庙底沟类型彩陶，这说明，仰韶人群是青海彩陶文化的始创者。关于马家窑彩陶的来源，学术界有"西来说""西渐说""土著说"等。齐家文化、辛店文化彩陶的出现也与特定人群的西迁有关，而卡约文化彩陶是当地土著文化和外来文化因素相融合的产物。

一 马家窑文化彩陶的来源

1923 年，瑞典著名地质学家、考古学家安特生在甘肃临洮马家窑发现了一处彩陶遗址，命名为"甘肃仰韶文化"（安特生，1925）。后来，我国著名考古学家夏鼐先生命名这一考古学文化为"马家窑文化"（夏鼐，1949）。

安特生提出马家窑文化、仰韶文化"西来说"。他认为甘青彩陶比河南发达，且没有发现中原仰韶文化中常见的陶鬲，提出中国彩陶来自中亚安诺文化（Anau culture）的主张。他认为，安诺文化先传入甘青后又传至河南，与陶鬲为代表的中原文化相结合，形成中原仰韶彩陶文化（安特生，1925 年）。后来，安特生改变了自己的看法。苏联学者瓦西里耶夫认为马家窑文化是在"外来信息"的影响下发展起来的，是居民迁徙和文化传播的结果，他把马家窑类型地层之下叠压的庙底沟类型称为"在甘肃的仰韶文化"与马家窑文化的"混合层"，并把这个"混合层"命名为"前仰韶—马家窑类型的始祖文化"，是仰韶文化和"纯粹的"马家窑文化的共同"发祥地"。"纯粹的"马家窑文化往西发展

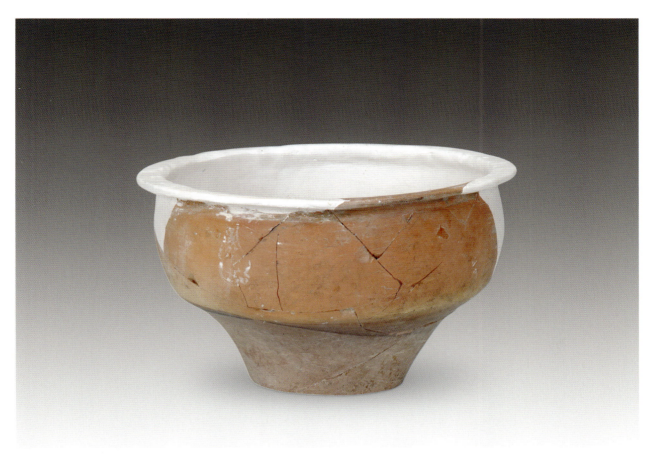

图 1　仰韶文化曲腹红陶盆（民和县阳洼坡遗址出土，距今 5500 年）

为马家窑文化，仰韶文化往东发展为"在甘肃的仰韶文化"，再往东发展就成为"中原地区的仰韶文化"（瓦西里耶夫，1974）。事实上，马家窑文化比仰韶文化半坡类型晚 1600 多年之久，而仰韶文化比中亚特里波列文化早 1000 多年，也稍早于安诺文化，瓦西里耶夫完全颠倒了仰韶文化的发展与传播序列（邓建富，1995）。

清末民初，国步方蹇，学术委顿，我国一度被认为没有经历过石器时代。安特生的考古发现可谓填补空白，每每有石破天惊的轰动效应。他不仅揭开了我国北方早期猿人遗址的神秘面纱，也找到了新石器时代人类在黄河流域的活动遗迹。然而，安特生的西方文化本位意识一定程度上影响着他的学术判断，加之当时中华民族"西来说"甚嚣尘上，他起初主张甘青马家窑文化"西来说"也不足为奇。在我国史前考古已然取得诸多成就，一些考古文化序列颇为清晰的背景下，瓦西里耶夫仍主张马家窑文化"西来说"，只能说他所依据的材料及观点是滞后的。

"西渐说"认为马家窑文化由仰韶文化庙底沟类型发展而来。吕振羽先生认为，从原始文化系统的发展变迁看，仰韶文化和马家窑文化属于同一个文化

图 2　马家窑类型圆点网纹彩陶瓶（民和县拱北台遗址出土，距今 5000 年）

图 3　半山类型旋涡纹彩陶壶（民和县新民阳山墓地出土，距今 4600 年）

系统，因处于不同时代或不同地区，以及受到其他文化系统的影响而形成了彼此间的差异性，也可能是一个文化系统内涵中的两个分支（吕振羽，1960）。石兴邦先生认为，仰韶文化的半坡类型与庙底沟类型分别属于以鱼和鸟为图腾的不同部落氏族，马家窑文化是属于分别以鸟和蛙为图腾的两个氏族部落，这证明，我国在原始氏族公社时期存在着胞族组织形式（石兴邦，1962）。仰韶文化庙底沟人群与马家窑文化以鸟为图腾的人群之间的关系，似乎能证明仰韶文化的"西渐"。苏秉琦先生认为，仰韶文化遗存在甘肃境内的移动方向是自东部到中部，而马家窑类型遗存的移动方向也是自东部到中部，出现时间稍晚的半山、马厂类型遗存，则自中部向西延伸到河西走廊的西端（苏秉琦，1984）。这说明无论是仰韶文化还是马家窑文化都是自东向西逐步播迁的，而马家窑文化晚期类型的分布范围更能说明这一文化的"西渐"。严文明先生认为，马家窑类型是仰韶文化晚期的一个地方类型，是庙底沟类型在甘青地区的继续和发展，马家窑彩陶是在庙底沟类型的基础上一步一步地发展和分化出来的，追根溯源，它们本来是一个文化系统（严文明，1978）。马家窑文化石岭下类型一般被认为是仰韶文化向马家窑文化的一个过渡。张强禄先生认为，从仰韶文化各阶段发展的时代特点和社会背景看，马家窑文化是从仰韶文化分化而来，石岭下类型与大地湾仰韶晚期是两类遗存，不能相互替代，马家窑文化的产生既有人口迁徙的因素，也与当时的自然地理条件有关（张强禄，2002）。

图 4　马厂类型四大圆圈纹双耳彩陶壶（青海省博物馆藏品，距今 4500 年）

　　"西渐说"有坚实的考古学证据，从1957年甘肃临洮马家窑南麻峪沟口北岸发现的马家窑遗存叠压在仰韶文化层之上（杨建芳，1962），青海民和阳洼坡遗址发现庙底沟类型和石岭下类型两个阶段遗存（青海省文物考古队，1984年）的事实看，马家窑文化的确晚于仰韶文化。从器物类型上看，庙底沟类型的代表器物是卷唇曲腹盆、敛口小平底钵、双唇尖底瓶、釜和灶，纹饰以鸟纹、蛙纹等动物图像及与之相联系的圆点、勾叶和凹边三角等曲线花纹所组成的图案为主体。马家窑文化早期类型的典型器物为卷唇曲腹盆、敛口钵和小口长颈瓶，与庙底沟同类器物相同或相似，马家窑早期类型彩陶常见纹饰也与仰韶彩陶相近或相似。从马家窑文化早期类型与仰韶文化庙底沟类型的关系看，安特生起初把马家窑类型彩陶命名为"甘肃仰韶文化"是很有道理的，马家窑文化实际上是仰韶文化的一个西部类型，称之为仰韶文化的西北地方类型可能更妥帖一些。主张"西渐说"的学者所依据的考古学材料及研探视角各不相同，但得出的结论大体一致。

图 5　宗日文化折线纹彩陶小壶（同德县宗日遗址出土，距今 5000 年）

图 6　马厂类型涡纹彩陶豆（青海省博物馆藏品，距今 4500 年）

　　"土著说"认为马家窑彩陶文化以甘青地区土著居民的原始文化为主体，与仰韶彩陶文化融合，形成了新的风格。马家窑文化彩陶虽有许多庙底沟彩陶的因素，但它并非甘青地区仰韶人的发明，很可能是一批无陶的原始居民进入黄河上游谷地后的继承和创新（曾骐，1992）。"土著说"成立的前提是河湟地区无陶的原始居民本身有创制彩陶的可能。从青海同德宗日出土的彩陶看，当地的土著的确曾向外来人群学习制陶，但无论是制作技艺还是陶器形制、图案等，皆与马家窑文化彩陶相去甚远。因此，"土著说"并不成立。

　　此外，还有"多元说"。石兴邦先生认为，半山、马厂类型不排除受西方文化影响的可能（石兴邦，1962）。邓建富先生认为，马家窑文化彩陶的源头在中原仰韶文化那里，但它并非自始至终都只受中原仰韶文化的影响，它之所以能达到中国彩陶艺术的巅峰，归功于多方文化因素的合力作用，是史前不同系统的文化，包括中原仰韶文化、西亚中亚文化、甘青地区土著文化，以及新疆、蒙古文化，印度、西藏文化汇聚于甘青地区，以甘青地区土著文化为主体相互融合的结果（邓建富，1995）。"多元说"把青海彩陶的起源、发展过程及其土著化等问题混同起来，表面上看似乎合情合理，实际上不完全符合事实，没有确切的证据表明马家窑文化彩陶受到过中亚、西亚彩陶文化的影响。

　　我们认为，从青海彩陶的起源看，"西渐说"是成立的，青海最早的彩陶是仰韶文化庙底沟类型陶器，它们是外来移民的创造。随着仰韶人群与当地土著的融合，尤其是外来移民的土著化，形成了具有地域特征的马家窑文化早期类型陶器。河湟地区新石器时代人群在 1800 多年的生息繁衍过程中，不断接受中原地区不同人群的外来文化影响，彩陶所表现的文化信息也逐步多元化。因之，从青海彩陶的流变看，"多元说"也是成立的。

二　齐家文化彩陶的来源

1945 年，夏鼐先生因在"齐家期"墓葬的填土中发现了"仰韶期"彩陶片，认为"当齐家期的人民埋葬死人的时候，这些彩陶是已被使用过打破了，碎片被抛弃在地上，因之便混入填土中"。据此，夏先生得出甘肃"仰韶期"彩陶早于"齐家期"的结论（夏鼐，1948）。随着考古资料的增多，学术界接受了夏先生的观点，齐家文化是继马家窑文化之后，广泛分布于甘青地区的一种铜石并用时代的考古文化。

图 7　齐家文化刻划网纹陶鬶（民和县喇家遗址出土，距今 4000 年）

　　关于齐家文化的来源问题，文物考古学界存在不同看法。一般都认为，齐家文化是马家窑文化的继续和发展，尤其是继承了马厂类型的文化特点（青海省文物管理处考古队、北京大学历史系考古专业，1976）。夏鼐先生认为，齐家文化不是从半山—马厂文化独立发展而成的，它和陕西龙山文化非常相近，或可称为"甘肃龙山文化"（夏鼐，1977）。有学者认为，齐家文化是马家窑文化的继续和发展，并吸收了年代稍早的客省庄二期文化的因素发展起来（端居，1976）。还有学者认为，马家窑文化到马厂期已分化为东西两区，东区发展为齐家文化，西区发展为四坝文化（严文明，1978）。

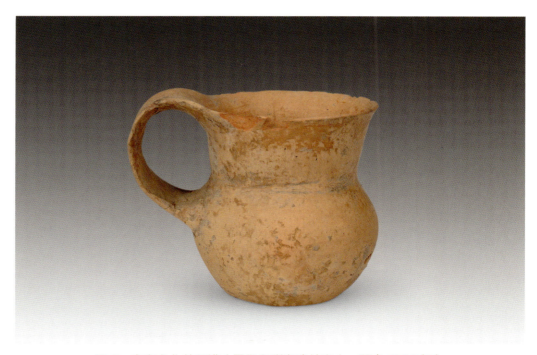

图 8　齐家文化单耳罐（民和县喇家遗址出土，距今 4000 年）

　　研究表明，齐家文化与陕西龙山文化并不属于同一文化系统，但明显受到客省庄二期文化的影响，甘青地区齐家文化从早到晚、从东到西是一脉相承发展下来的，各地区不同遗址之间是互相区别又互相联系的同一文化系统的不同发展阶段，越靠近东部的齐家文化受客省庄二期文化的影响越深，年代也越早；越靠近西部的齐家文化与客省庄二期文化的差别越大，年代也越晚。所以，齐家文化是从东往西发展的，是从渭河流域往西发展，中经洮河、大夏河，再往黄河上游及其支流庄浪河、湟水流域等方向发展（谢端琚，1979）。也有学者注意到齐家文化的变迁与气候条件之间的关系。从喇家遗址的考古发现看，齐家文化时期不仅养殖畜牧业在不断发展，且很可能有过种草的农业，因而齐家文化是半农半牧的经济形态，并且还继续向牧业转化，这是适应气候变化的一种方式，同时受到欧亚游牧文化的影响（叶茂林，2015）。

　　齐家文化总体上是马家窑文化半山、马厂类型的继续。从时间范围上，马家窑文化半山、马厂类型与齐家文化相接续，齐家文化人群是在马家窑文化半山、马厂人群基础上发展而来的。就彩陶文化而言，齐家文化彩陶继承了马家窑文化彩陶的部分制作技艺、彩陶形制及图案，这是土著文化接续发展的体现。不过，马家窑文化彩陶与齐家文化彩陶之间存在着文化上的断裂，主要原因是齐家文化接受了客省庄二期文化的影响。客省庄二期文化年代上稍早于齐家文化，在陕甘接壤地带与齐家文化的分布相重合，并且孕育了齐家文化的基本因素，龙山文化的一些因素也借客省庄二期文化影响到了齐家文化，齐家文化陶器基本器类中的多数器物均可在客省庄二期文化客省庄类型中找到它们的祖型（梁星彭，1994）。此外，齐家文化也受到过草原文化的洗礼，其文化特色既是西部原始文化发展与东部文化持续影响的结果，也是适应气候变化的一种反映。

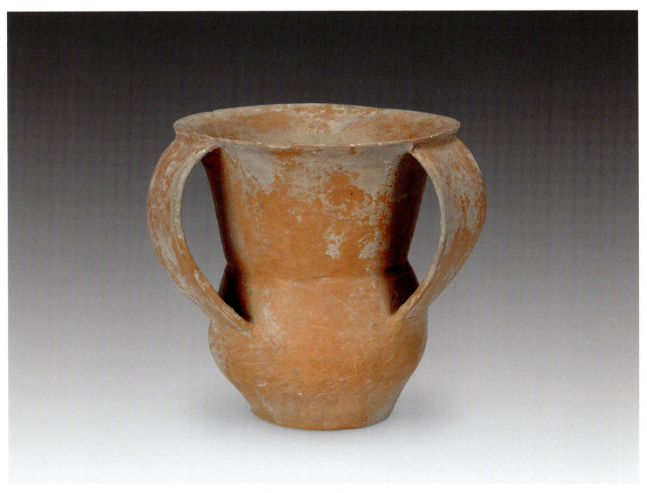

图 9　齐家文化三耳罐（民和县喇家遗址出土，距今 4000 年）

三 辛店、卡约文化彩陶的来源

环境考古学研究表明，距今 4000 年左右我国北方气候环境变化巨大。距今 4000 年之前，黄河流域夏季风总体强盛，气候湿润；之后，夏季风强烈退缩，气候迅速变干、变冷（竺可桢，1972）。在气候巨变过程中，经历了一段强烈的洪水期，河谷地带的原始人群居住地大多被毁，一些人群不得不迁徙到高地，游牧成分比重因此增大，一些人群则利用温润的小区域环境继续发展原始农业，这在一定程度上造成地理单元的相对隔绝，因此形成了文化分布单元相对独立的多个青铜文化。

在这一气候突变过程中，我国大部分地区经历了漫长的"大洪水"期，中原地区的河南新密新寨遗址、洛阳矬李遗址、焦作西金城遗址、偃师二里头遗址，山东尹家城遗址，山西绛县周家庄遗址等都发现了距今 4000 年左右大洪水的地质与考古遗迹（张俊娜、夏正楷，2011）。长江三峡地区的大宁河流域、重庆市丰都县玉溪遗址，先后发现距今 4000 年左右的古洪水遗存（张强等，2002；白九江等，2008）。青海民和喇家遗址也毁于黄河异常洪水和地震为主，并伴有山洪暴发的群发性自然灾害（夏正楷等，2003）。在"大洪水"期间，一些考古学文化发生断裂，俞伟超先生称这些现象为新石器时代文化的"突变"（俞伟超，2002）。在青海河湟地区，齐家文化和辛店、卡约文化之间也有明显的考古学断裂。

图 10 辛店文化鹿纹彩陶瓮（乐都县双二东坪遗址出土，距今 3200 年）

安特生从彩陶发展关系角度认为，辛店期文化是由马厂期文化发展而来，而且辛店期文化早于沙井期文化（安特生，1925）。这是最早关于辛店文化彩陶来源的认识。南玉泉先生认为，辛店文化是齐家文化经山家头、姬家川、张家咀三个阶段发展起来的（南玉泉，1989）。张学正等先生认为辛店文化早期遗存彩陶中有部分马家窑文化马厂类型彩陶因素，这说明辛店文化是马厂类型遗存和齐家文化共同影响的结果，并且认为它是一种地方色彩相当浓厚的文化遗存（张学正等，1993）。水涛先生通过对山家头遗存彩陶和齐家文化晚期遗存彩陶的对比分析，认为辛店文化早期遗存中的彩陶因素直接来源于齐家文化，间接来源于马家窑文化马厂类型，因此，辛店文化主要来源于齐家文化晚期遗存（水涛，2001）。此外，还有学者认为辛店文化中期姬家川类型彩陶与先周文化有一定联系。

人骨研究表明，辛店文化的典型遗址民和核桃庄组居民与东亚蒙古人种的典型代表近代华北组颇为接近，核桃庄组居民与马家窑文化居民之间存在很强的一致性，尤其与柳湾合并组的关系很密切（王明辉、朱泓，2004）。乐都柳湾共发掘1500多座墓葬，而辛店墓葬仅有5座，但也揭示了马家窑文化半山类型、马厂类型，以及齐家文化与辛店文化墓葬的分布规律：马家窑文化和齐家文化墓地分布在东、中、西墓地较低处，而辛店文化墓地分布在墓地北部最高处，甘肃临洮、永靖等地某些辛店文化遗址或墓地也都位于海拔较高的台地上，这是辛店文化遗址分布的一个规律（青海省文物管理处考古队、中国社会科学院考古研究所，1984）。这都说明辛店文化实际上是马家窑文化马厂类型和齐家文化的延续。辛店文化和齐家文化之间存在的考古断裂，应当是新石器时代文化“突变”在西部地区的表现。从墓葬习俗看，辛店文化的土著化色彩较为浓厚，明显受到西羌文化影响，但它并不属于西羌文化系统（李健胜、武刚，2014）。不过，随着羌人文化主体地位在河湟地区的确立，辛店文化人群可能最终融入了西羌族群。研究表明，青海境内辛店文化的消亡与卡约文化的发展有密切关联（俞伟超，1985）。

一般认为，卡约文化上承齐家文化而来，卡约文化彩陶也是齐家文化晚期类型彩陶的延续。但是，头骨分析表明，卡约文化人群与马家窑文化、齐家文化人群有着较大区别，而与藏族B型有较大的相似性（张君，1993）。从卡约文化的考古学年代及分布地带看，它与辛店文化大约同一时期，且分布地带基本相邻。卡约文化以河湟地区为中心，辛店文化则以洮河和大夏河为中心，到了晚期，二者交往频繁，互为文化内涵的外来因素。卡约文化可能深刻地影响了甘青地区辛店文化的发展，而这与西羌的扩张有一定关联。

第二节　早期移民与青海彩陶的生成与发展

在考古学领域，分析彩陶的起源、流变、影响等问题时，惯用的方法是类型学分析。新石器时代与原始农业相伴生的彩陶，是当时人类的重要文化创造，它的烧制、使用必然与人类活动相伴随。因此，分析彩陶相关问题时，应当关注人类自身的活动对彩陶文化的影响，尤其应当关注人类的迁徙与彩陶文化生成、发展之间的关系。

一　早期移民与青海彩陶的生成

研究证实，青藏高原是人类最后"占领"的陆地（汤惠生、李一全，2012）。大约距今三四万年，旧石器时代的人类曾迁徙至青藏高原，约七八千年前，中石器时代的人类曾在河湟地区共和盆地一带活动（盖培、王国道，1983）。这说明早先进入青藏高原的人群在气候相对温润的河谷地带生息繁衍，至中石器时代完全土著化。考古发现也证实，当时在今贵南县黄河南岸拉乙亥地区活动的人群并未发明原始农业，也未使用陶器。大约距今5800年左右，仰韶文化庙底沟类型人群向西迁徙至河湟地区，带来了原始粟作农业种植技术，也带来了仰韶文化晚期类型彩陶，并与当地土著一道创造出辉煌灿烂的彩陶文化。

图 11　仰韶文化曲腹彩陶盆（民和县阳洼坡遗址出土，距今 5500 年）

　　1955年，考古工作者在青海民和阳洼坡发现了一处仰韶文化遗址，1980年4月正式试掘，发现了与庙底沟类型相同的曲腹盆、双唇小口尖底瓶等。在仰韶文化遗迹之上从下到上依次叠压着马家窑文化石岭下类型和马家窑类型彩陶（青海省文物考古队，1984）。后来，考古工作者在青海循化、化隆一带也发现了仰韶文化的一些遗存。地处湟水流域下游的民和阳洼坡，循化、化隆黄河沿岸一带，是青海的"东大门"，距今5800年左右，仰韶文化人群自东向西来到河湟地区，首次与当地土著相遇的地点，恰好在青海气候最温润的地区。

图12　仰韶文化尖底瓶（民和县阳洼坡遗址出土，距今5500年）

　　我国是粟作农业的起源之地。有学者认为我国粟作农业起源于距今16000年的山西下川旧石器时代晚期文化，距今13000—9000年是北方粟作农业的大发展阶段（侯毅，2007）。不过，大多数学者认为粟作农业起源于距今8000年左右。粟作农业自我国北方向其他地区大规模传播，成为原始时代北方地区种植范围最广泛的农作物。粟作农业也曾自华北平原向西北地区传播，甘肃秦安大地湾、兰州白道沟坪、临夏马家湾等地都发现过粟作农业遗迹（刘军社，2000），而自渭水上游等地向西迁移的仰韶文化人群则把粟作农业带到了青海的"东大门"。

图 13　仰韶文化曲腹彩陶盆（民和县阳洼坡遗址出土，距今 5500 年）

　　从考古学材料看，我们有理由相信，在仰韶文化人群未到达青海"东大门"之前，青海还未出现原始农业，亦未出现彩陶文化，或者说，当时的土著处于无陶文化阶段。仰韶文化人群的徙入，既昭示了原始粟作农业的传入，也意味着彩陶文化的西传。距今 5800 年以来，河湟地区的土著与外来仰韶文化人群之间进行过持续时间较长的文化交融发展期，河湟地区也从一个无原始农业、无陶的区域成为粟作农业及彩陶文化圈的组成部分。从源头上讲，青海彩陶文化是从仰韶文化发展而来的，尽管青海彩陶盛极一时，但它的确不是原生文化。学术界还关注到仰韶文化和马家窑文化彩陶之间存在的差异。邓建富先生认为，当甘青地区的土著居民接触到来自东方的仰韶彩陶后，在本土化的基础上进行了创新，从而使马家窑文化彩陶达到了中国制陶工艺的高峰；他还认为如果没有仰韶文化彩陶的影响，甘青地区土著文化只会沿着自己原来的文化发展道路前进，不可能在某一个时期由一个无陶文化发展成为中国史前彩陶文化的三大中心之一（邓建富，1995）。

图 14　仰韶文化尖底瓶（民和县阳洼坡遗址出土，距今 5500 年）

　　我们也认为仰韶文化庙底沟人群的西迁是青海彩陶生成的内在动力。彩陶是粟作农业的伴生物，人口迁徙导致的粟作农业的西向传播，是马家窑文化彩陶兴起的根本原因。仰韶先民西进后，在新的自然地理环境下与甘青土著文化相融合，构成了具有地方特色的马家窑文化。不过，马家窑文化早期类型彩陶的地方特色虽与土著文化因素有关，但与早期移民文化本身的关系似乎更为密切。

　　长期以来，人们把仰韶文化和马家窑文化视为两种不同的文化系统，事实上，马家窑文化与仰韶文化晚期类型之间关系紧密，可视之为仰韶文化庙底沟类型西向发展的产物（严文明，1989）。它们同属于一个文化系统，庙底沟类型所表现出的文化特色一定程度上决定了马家窑文化早期类型彩陶的基本文化特色。作为仰韶文化的晚期类型，庙底沟类型本身也有早、中、晚不同的发展期，且与周边考古文化有着紧密联系。研究表明，我国史前时代的文化因素往往是多元的，很少存在单一面貌的考古学文化（李伯谦，1989），庙底沟类型也概莫能外。其中，庙底沟二期文化陶器的基本组合为夹砂罐、盆、钵、高领罐、釜灶、斝、鼎、豆等，前四类均上承仰韶文化，而后四类是庙底沟二期文化至关重要的文化因素和标志，是受大汶口文化与龙山文化影响而产生的新的文化因素。事实上，陶鬲的出现意味着庙底沟二期文化的终结（罗新、田建文，1994），鼎、豆等的出现则是这一文化礼乐色彩渐浓的标志。从青海地区出土的仰韶文化彩陶看，器物基本组合为罐、盆、钵，未见鬲、鼎等器物出土，这说明仰韶文化的晚期类型应当有不同的发展态势，青海地区的庙底沟类型属于西部类型，未受到大汶口、龙山文化的外来影响，一定程度上代表了较纯粹的仰韶文化类型。

图 15 马家窑类型弦线网纹彩陶瓮（同德县宗日遗址出土，距今 5000 年）

从考古材料看，进入青海的这支仰韶文化人群与东部地区典型的庙底沟类型文化的确有所区别，尤其是缺乏代表礼乐色彩的陶鬲、鼎、豆等器物及其文化表现。一般认为，礼乐文化与我国古代文明形影相随，是中华文明固有的特点之一，而礼乐制度形成于龙山文化（高炜，1989）。如果我们把中华礼乐文化的起源与中华文明的起源联系起来，那么，它的源头就应当是多元的，尤其是黄河中下游地区的新石器时代考古文化应当都对礼乐制度的形成起到一定的作用。就仰韶文化庙底沟类型来说，无论是其器物类型的组合，还是彩陶的纹饰，都具有早期礼乐文化的一些特点。

图 16　马家窑类型弧线网纹彩陶盆（同德县宗日遗址出土，距今 5000 年）

庙底沟西部类型中常见的罐、盆、钵器物组合本身具有一定的礼乐色彩，代表了以饮食器具体现人类早期礼乐文化的观念意识，其彩陶纹饰中由平行条纹构造的艺术风格本身也有强烈的礼乐色彩。仰韶文化庙底沟类型彩陶的制作者用平行条纹装饰盆面和盆里，且让平行条纹的绘制和走向服从于某种预先设计好的艺术手法，从而使彩陶盆体现出我国传统艺术的两大法则：一是由上而下"俯察"的艺术创作手法；一是以移动的散点透视形成"游目"的审美原则（张岱年、方克立，2004）。这种以盆的某一端为相对的中心，让平行纹体现对称艺术的绘制手法，是生活秩序在艺术世界的体现，也是我国早期礼乐文化的一种表现形式。

　　仰韶文化的这一艺术风格为马家窑文化石岭下、马家窑两个类型所继承，它们都以"俯察"的艺术手法体现着"游目"的审美原则，表达了各类纹饰及动物纹样服从于对称美学的礼乐思想。更为关键的是，这两个类型的陶器组合也继承了仰韶文化庙底沟类型的基本器物组合方式。

图 17　马家窑类型二人抬物纹彩陶盆（同德县宗日遗址出土，距今 5000 年）

　　由此可见，青海彩陶不仅起源于仰韶文化的庙底沟类型，其生成与前期发展的动因也基本来自庙底沟类型人群的西迁。在马家窑文化石岭下、马家窑类型时期，青海河湟地区的土著文化尚未形成较大影响力，这一定程度上有利于外来人群的徙入，以及粟作农业和彩陶文化的传播。尽管同德宗日的当地土著已然开始学习如何制陶，但是，典型的马家窑文化彩陶的制作和使用应当都与移民有关。早期移民的徙入不仅带来了彩陶文化，其器物组合和艺术形式已然表现出较浓厚的早期礼乐文化色彩，从而使青海东部地区纳入到早期礼乐文化圈当中。尽管在一千多年的发展变化过程中，地方化的色彩日渐浓厚，但外来移民对青海彩陶的生成及前期发展起到了决定性影响。

图 18　马家窑类型网纹彩陶壶（同德县宗日遗址出土，距今 5000 年）

二　早期移民与青海彩陶的发展

马家窑类型彩陶经过一千二百多年的发展后，进入半山类型阶段。一般都认为，半山类型的形成是马家窑文化发展过程中最重要的一次转折，主要体现于突然涌现出来的黑红复彩、锯齿纹等诸多新因素，这与内蒙古中南部以及晋中地区仰韶晚期的文化存在关联，文化主人明显来自东部（李水城，1998），且这种关联应当与人口迁徙有关。研究还表明，半山文化居民与东亚蒙古人种华北类型比较接近（张忠培，1997）。半山类型突然增多的屈肢葬也是马家窑类型所不曾有的，加之黑红复彩、锯齿纹彩陶的出现，表现出与马家窑类型明显的疏离。

图 19　半山类型 "S" 纹彩陶壶（青海省博物馆藏品，距今 4600 年）

　　上文所说的东部人群是指分布于西辽河、冀中北地区的雪山一期文化和内蒙古中南部的仰韶文化海生不浪类型文化人群，在地理分布上，东部人群远离河湟地区，应当不会直接迁徙致使马家窑文化出现强烈转折。研究表明，介于东部人群和半山类型人群之间宁夏菜园遗址等所代表的人群，是实现东部人群彩陶文化西迁的主要因素。菜园遗址早期类型马缨子梁遗存与马家窑文化石岭下、马家窑类型相类似，其中晚期类型林子梁一、二期，切刀把墓地、瓦罐嘴墓地、寨子梁墓地、二岭子湾墓地、石沟遗址等，出土了双耳罐、鸭形壶等，与马家窑文化半山早期类型十分接近，而其折腹盆却和内蒙古清水河白泥窑子出土的同类器很相似。东部文化人群盛行屈肢葬并有洞室墓，半山类型的屈肢葬和洞室墓表现为东有西无、东多西少，而马家窑类型既无屈肢葬也无洞室墓。半山类型和东部文化人群的彩陶有着相当的一致性，在构图元素上，锯齿纹、折线纹、鳞纹、棋盘格纹、菱格纹等都先流行于东部文化而后盛行于半山类型，但都基本不见于马家窑类型。种种迹象表明，东部人群的西迁使得长城沿线首次出现贯穿东西部的大幅度的文化交流，造成了甘青宁地区文化发展方向的转变，为西部文化增添许多新鲜内容（韩建业，2007）。

图 20　半山类型四大圆圈纹彩陶罐（同仁县保安遗址出土，距今 4600 年）

　　显然，半山类型彩陶的生成与距今约 4600—4300 年的早期移民活动是有很大关联的。尽管马家窑类型的一些文化表现为半山类型所继承，但文化上的转折比继承关系更为明显是不争的事实。具体来说，半山类型彩陶上常见的锯齿纹表现出明显的地域文化特色，以此纹样装饰的平行纹、波浪纹在黑红复彩的艺术技法中占有很大比重，加之菱格纹、盘格纹等的大量使用，使得马家窑类型彩陶上十分典型的对称、"游目"等美学意味，在半山类型彩陶上成为附属性质的文化意象，而常见的锯齿纹则反映出东部人群与中原仰韶文化庙底沟类型不同的社会意识和审美情趣。东部人群的徙入使得马家窑文化的礼乐色彩变淡，而原先误以为是土著文化渐浓的因素很大程度上是东部人群的文化表现，而非土生土长的地方文化。

图 21　半山类型旋涡纹双耳彩陶瓮（民和县新民阳山墓地出土，距今 4600 年）

马厂类型的彩陶一方面继承了马家窑文化彩陶的一些特点，又受到半山类型彩陶的影响，应当是土著化了的一种文化类型。马厂类型彩陶纹样更趋简化，制作粗糙，彩陶所代表的礼乐色彩更为淡化。这说明当中原地区彩陶的礼乐功能逐步被青铜礼器所取代之时，河湟地区的彩陶也在愈加地方化的过程中逐步丧失其礼乐功能；这也说明，没能持续地获得中原文化的滋养是马家窑文化走向衰落的根本原因。

图 22　半山类型葫芦纹彩陶壶（青海省博物馆藏品，距今 4600 年）

齐家文化彩陶的兴起也能证明早期移民对青海彩陶发展的深刻作用。如前所述，在齐家文化彩陶的来源问题上，学术界是有争议的。越来越多的证据表明，齐家文化是在客省庄二期文化的基础上发展而来的，或者说是客省庄二期文化人群的西迁形成了齐家文化。当然，这一时期，河湟地区以马厂类型人群为主的土著文化已然深厚，客省庄二期文化人群西进后必然与之有一个交融过程。因此，反映在彩陶上即是文化来源上的多元表现。从客省庄二期文化的主要分布区域及其文化表现看，这支文化具有明显的西戎文化色彩，其族属应当是东羌文化。先秦时期，羌人已然有东、西羌之分（陈琳国，2008），原先学术界比较注重研究羌人的东迁问题，但从客省庄二期文化向西播迁的态势看，距今大约 4000 年左右，东羌文化亦有向西传播的现象。

图 23   半山类型网纹彩陶壶（循化县旦麻墓地出土，距今 4600 年）

　　到了青铜时代的辛店文化，其向西传播的趋势也较明显，但地理范围越来越窄，基本属于甘肃东部、南部的地方文化人群向西向北传播至河湟、河西一带。不过，辛店与卡约文化碰撞、交融的前提仍是早期移民的徙入，新的移民对青海彩陶的发展仍然起到了重要作用。卡约文化兴起之后，来自东部的文化因素进入河湟地区的频率和程度都在降低，究其缘由，主要是土著文化兴起后，较大程度上抑制了外来移民的徙入，因此，大约是在夏代晚期至西周时期，或许有零星的渭水上游、大夏河等地的人群移民至河湟的情况，但总体上土著文化占据了主导地位，移民对彩陶文化发展所起的作用也在下降。

　　从以上的分析看，早期移民对青海彩陶发展所起的作用是阶段性的，马家窑文化半山类型时期彩陶文化的发展，得益于东部人群的徙入；齐家文化彩陶风格一定程度上受到客省庄二期文化的影响；青海地区的辛店文化彩陶也伴随着甘肃地区某一人群的西迁。这种阶段性的移民活动造就了彩陶文化发展的某种断裂，即各个时期的彩陶无论是制作技艺、彩陶纹饰还是器物种类及组合都各不相同。另一方面，受益于土著文化的连续发展，青海彩陶从生成期开始，也有其文化上较明显的连续性。如果说移民是外部因素的话，那么土著文化是内部因素，外部因素导致彩陶文化的突变，而土著文化确保了彩陶文化的内在连续。

就移民与青海彩陶的发展关系而言，移民导致的外来文化的播迁对于青海彩陶所代表的地域文化产生了较强烈的作用。如果说仰韶文化庙底沟类型彩陶和马家窑文化石岭下、马家窑类型阶段的彩陶代表了粟作农业、彩陶技艺及早期礼乐文化在河湟地区的传播与扎根的话，那么，马家窑文化半山类型、齐家文化及辛店文化时期的移民一定程度上逐步冲淡了礼乐文化在河湟地区的影响，或者说，这几个时期的移民文化可能与中原礼乐文化之间的关系较为疏离，新的人群的徙入意味着新的文化因素的进入，这对之前已然扎根河湟的礼乐文化而言，往往具有某种意义上的"革命"意味，加之土著文化的兴起，彩陶纹饰所反映的礼乐文化色彩愈加淡薄。

图 24　马厂类型十字网纹内彩盆（民和县新民阳山墓地出土，距今 4500 年）

半山类型以后，河湟地区礼乐文化色彩淡化，这导致河湟地区与华夏文化核心地域之间形成较为疏离的关系，对于这一区域的文化发展和文明演进形成较大的制约作用。到了卡约文化时代，尽管当地已然进入青铜时代，但迟迟未能进入到国家阶段。具体来说，当时的西羌占据的青藏高原东北部地区正好处于东亚与中亚之间，这为该民族吸收融会来自不同地区的文明成果提供了良好的地理基础，而这样的地理分布也为该民族成为东西文化交流的中介创造了基本条件。西羌是黄河中游粟作农业的承续者，也是中亚冶铜、小麦种植技术东传的载体（李健胜，2014），因而拥有丰富的文明积累。然而，由于长期处于不相统属且相互征伐的部落时代，在以亲属血统关系为纽带的"分枝性社会结构"中，大大小小的层级性西羌部落之间一直仅保持松散的统属关系，没有形成真正的国家组织，这种情况一直持续到东汉甚至更晚（王明珂，2008）。为何会出现这样的状况？我们认为，从文化源头上讲，正是因为卡约文化时代礼乐文化色彩的淡化，使得西羌不具备上下有序的等级秩序理念，缺乏与中原类似的国家伦理观念，从而导致了国家组织的缺失。

三　一点思考

通过分析早期移民与青海彩陶生成、发展之间的关系，我们对以下几个问题有了较深入的认识。

第一，应当重视以移民为分析工具的区域史研究，尤其应当把这一分析工具运用到史前及青铜时代的研究当中。移民问题是多学科共同关注的话题，就历史学而言，通过研究历史时期不同地域各种类型的移民活动，来阐发因移民引发的各种历史问题是史学界长期关注的研究课题。一般来说，移民活动是指人的聚居位置在空间上的移动，迁移的过程则是在特定的推力和拉力的双重作用下完成的。葛剑雄先生认为，"中国历史上的移民有各种类型，有其不同的特点，但就性质而言，却基本只有两种——生存型和发展型"（葛剑雄，

图 25　马厂类型十字纹双联罐（民和县大塬遗址出土，距今 4500 年）

1997）。在我国古代，以行政或军事手段推行的强制性移民，往往以徙边屯田为主要形式，这类移民既有生存型移民的特点，也有发展型移民的因素，所以很难简单地加以区分。从移民的动力角度看，自发的移民活动和政策性的移民有着较大的区别，前者是自发的甚或是盲目的移民活动，后者则是在某种力量的驱使下进行的移民活动。

综观史书所载河湟地区的移民活动，大多为政策性移民，其中，自两汉以来中原汉族的不断徙入改变了当地的人文生态（李健胜，2010）。此外，鲜卑、吐蕃、蒙古等民族的徙入也对河湟地区的人文生态产生了重要影响。当然，个别时期河湟地区也扮演过人口徙出之地的角色，如西羌的东迁、元时汉族移入山西大同等。如果结合移民史分析河湟地区的社会变迁，诸多问题的成因可以迎刃而解。因此，以移民为分析工具研讨河湟历史文化问题是历史学中一个有效的研究路径。

然而，在以往的相关研究中，我们往往把移民问题与文字记载以来的历史挂钩，没有认识到史前及青铜时代的移民活动也值得研究，这一时期的移民活动对当时区域文化的建构也起到颇为重要的作用。具体研究过程中，在解析不同时期的移民活动基础上，以考古学材料为基础，以彩陶纹饰等具有典型分析价值的素材为研究对象，就可以得出较客观的研究结论。如前所述，马家窑文化马家窑类型和半山类型之间彩陶文化所表现出的转折特征，实际上是移民活动导致的，同属马家窑文化的两个类型之所以有那么大的区别，主要原因是它们属于不同的人类文化体系。

图 26　马厂类型四耳彩陶罐（民和县新民阳山墓地出土，距今 4500 年）

　　总之，以移民入手的研究，一定程度上吻合了河湟地区自古至今人类活动的基本面貌，因而是一种行之有效的研究方法。我们不仅要把这一研究方法延伸至史前及青铜时代，还应当关注河湟地区当代的移民问题，从而使学术研究与现实生活有机地结合起来。

　　第二，应当检讨考古类型学分析的有效性。

　　考古类型学是考古学理论的基本内容之一，主要用以研究遗迹或遗物的形态变化过程，找出其先后演变规律，来确定遗存的文化性质，分析其反映的生产和生活状况以及社会关系、精神活动等。这一考古学理论受生物分类学的启发而产生，又称标型学或者器物形态学，被大量用于研究陶器等使用周期短、变化较明显的器物。这一研究方法对收集到的实物资料进行归纳和分类分析，在此基础上做比较研究，具体研究过程中，往往忽略了实物资料与当时人类活动的内在关系，得出的结论并不一定符合事实。比如，在研究不同类型彩陶共存的蛙纹及其演变规律时，有学者把庙底沟时期至马家窑、半山、马厂、齐家、辛店时期的蛙纹进行类型学分析，得出它们从写实到抽象再到符号化的演化过程（段小强，2009）。这一研究结论完全忽略了不同时期不同地区移民对彩陶文化施加的不同影响，无法解释半山、马厂类型中写实蛙纹的大量存在，也无法解释青铜时代彩陶上各类纹饰趋于写实的缘由。

图 27　马厂类型变形 "S" 纹彩陶罐（民和县李家塬遗址出土，距今 4500 年）

　　从以上的研究可知，把彩陶的生成与发展当作一个历史问题，就能意识到彩陶的生成与发展过程与当时的移民活动有关，不同类型或不同时期彩陶文化表现出的差异性也与不同移民群体的文化特点有关联。尽管考古学意义上的连续性是存在的，土著化过程也强化着这样的连续性，但是，如果不考虑其中的移民因素，不会得出正确的结论。当然，我们不会忽视考古类型学在研究相关问题中的地位与作用，只是认为史前及青铜时代的学术研究应当是多学科的，尤其应当把历史学的研究方法纳入其中，这样才能得出正确的结论。

　　最后，有必要对河湟乃至整个青海地区的文化性质做出理性判断。文化性质是一个较为宽泛的概念，从文化生成的角度看，文化性质往往是指某一文化是否属于原生或受其他文化影响具有次生性质。我们认为，青海文化具有次生性的特点。所谓文化的次生性是指特定文化体系及其表现形式具有外源性，在特定地理单元的存续是以其原生地形态为基础的。青海文化的次生性是不言而喻的，青海汉族文化是以中原地区汉文化为其原生形态的，青海汉族的生产生活方式、宗教信仰、衣食住行等方方面面都袭自中原文化，其基本内涵及表现形式也继承了中原文化。青海地区的藏族、蒙古族文化也承袭了西藏、内蒙古等的文化体系。以藏传佛教为例，早期传入青海的藏传佛教教义、教规都来自西藏地区，尽管在后弘期青海地区曾是藏传佛教复兴之地，但在政教合一的局

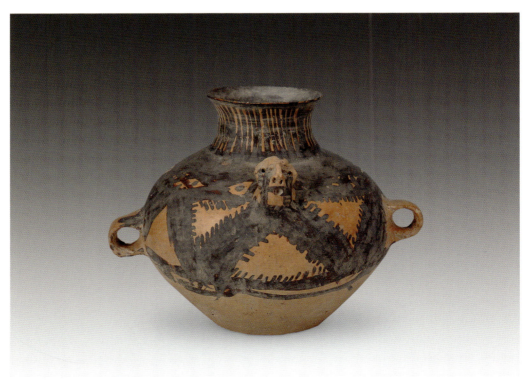

图 28　马厂类型人头像彩陶壶（民和县山城遗址出土，距今 4500 年）

势下，仍是西藏政治与文化的承袭之地，这些因素都导致青海的藏传佛教文化具有鲜明的次生性质。青海地区信仰伊斯兰教的民族是伊斯兰文化东向发展的承载者，源于西亚的伊斯兰教教义教规，穆斯林世界的生产生活方式、习俗等对青海的回族、撒拉族等形成巨大影响，可以说青海穆斯林世界的文化有很深的中西亚伊斯兰文化的烙印，它的次生性也是显而易见的。

和对移民问题的认识一样，我们起初把青海文化的次生性与文字记录时代的历史相挂钩，没有意识到这一次生性的源头在史前及青铜时代。从以上的分析可知，无论是青海彩陶的起源，还是彩陶文化的流变等，都深刻地受到中原文化的影响，如果没有仰韶文化人群的西迁，青海地区恐怕不会在距今 5800 年左右进入彩陶时代，如果没有中原人群的数次西徙，也不会造就青海彩陶艺术的辉煌成就。

一般来说，具有次生特性的文化体系天然地需要与其母体文化之间建立有效的沟通渠道，只有这样才能不断地从母体文化中汲取养分，以确保自身的延续与发展。就青海彩陶而言，起源于仰韶文化庙底沟类型的彩陶文化蕴含着中原礼乐文化的特色，但是在多元移民活动的影响下，以青海彩陶为代表的地域文化没有能够在不断延续的中原礼乐文化中汲取自我更新的养分，也就没有发展出系统的使地域文化得以升华的早期文明。不过，后来的历史证明，源源不断的汉族移民为青海汉族文化注入了新鲜血液，使其能够不断吸收到来自母体文化的新的文化因素，从而与母体文化基本保持同步发展的态势。此外，青海的藏传佛教、伊斯兰教文化也与其母体文化之间保持着紧密联系。这说明，史前及青铜时代孕育出的青海文化的次生性特征一直在延续。

第二章　马家窑文化彩陶

　　马家窑文化的地理分布范围很广阔，东起泾、渭上游，西至共和盆地，西北至河西走廊，北至宁夏清水河流域，南抵四川岷江。在青海境内，主要分布在湟水流域的民和、乐都、平安、湟中、西宁、湟源、大通等地和黄河河曲地区的循化、化隆、尖扎、同仁、贵德、共和、贵南、同德一带，截至1990年调查登记的有917处（国家文物局，1996）。已发掘的遗址有：民和阳洼坡、核桃庄、阳山、马厂塬，乐都脑庄、柳湾，大通上孙家寨，贵南尕马台，循化苏乎撒，互助总寨，西宁牛家寨，同德宗日，等等。

图 29　马家窑类型同心圆内彩盆（民和县核桃庄遗址出土，距今 5000 年）

第一节　分期与典型遗址

学术界对马家窑文化的分期经历了初步分期到精准分期的一个认知、研究过程。青海发现的马家窑文化彩陶遗址颇多，我们兹举两处典型遗址做介绍。

一　分　期

安特生采用类型学和古典进化理论对甘青地区的史前文化进行分期，提出"六期说"，即齐家期、仰韶期、马厂期、辛店期、寺洼期、沙井期。他把马家窑彩陶分为半山、马厂两期，后来又分为早、中、晚三期。从其所选定的遗址及对应关系看，他的分期基本是错误的。学术界曾认为马家窑文化存在日用陶器和随葬陶器的不同，这在一定程度上影响了马家窑文化的分期问题（安志敏，1957）。

20 世纪 50 年代，学术界一般把马家窑文化分为半山、马厂两个时期，有时又称为马家窑期、半山期（段小强，2011）。

图 30　马家窑类型鱼纹彩陶瓮（同德县宗日遗址出土，距今 5000 年）

　　马承源先生根据陶器形制和纹饰特点,把甘青地区的彩陶划分为马家窑式、半山式和马厂式三种类型,认为这是地域性的差别,时代上相接近(马承源,1961),杨建芳先生也提出马家窑类型—半山类型—马厂类型三类型发展序列(杨建芳,1962)。1977 年,夏鼐先生提出,甘青地区有"石岭下类型的仰韶文化"或"石岭下类型的马家窑文化",这一类型的文化内容既有中原地区的仰韶文化成分,又含有马家窑文化的成分,至于马家窑文化可分为:马家窑、半山、马厂三个类型。该文还测定,石岭下类型 zk186 为公元前 3813±175 年,马家窑类型两个数据 zk108 和 bk75020 分别为公元前 3100±190、3070±190 年,半山类型的三个标本平均值为公元前 2427±106,马厂类型中期数据年代为公元前 2180±110(夏鼐,1977)。乐都柳湾半山类型的年代为公元前 2505±150 年,马厂类型的年代为公元前 2415—前 2040 年间(青海省文物管理处考古队、中国社会科学院考古研究所,1984)。至此,学术界基本确定马家窑文化分为马家窑、半山、马厂三个类型,根据放射性碳素断代并经校正,其年代约为公元前 3500—前 2050 年。

图 31　马家窑类型舞蹈纹彩陶盆(大通县上孙家寨出土,距今 5000 年)

　　目前，学界普遍认为石岭下类型是仰韶文化向马家窑文化的过渡，但这一类型是否为马家窑文化的早期类型，还存在一定争议。石岭下类型分布于渭水上游及其支流葫芦河一带，以天水武山为中心，西抵湟水下游。石岭下遗址是由裴文中先生首次发现的，1976 年，甘肃省博物馆、北大历史系考古专业连城考古发掘队在编写《从马家窑类型驳瓦西里耶夫的"中国文化西来说"》一文时，首次提出"石岭下类型"这一新的文化名称，并提出"马家窑晚于庙底沟，而且庙底沟通过石岭下类型发展为马家窑类型的前后因袭关系"（甘肃省博物馆连城考古发掘队、北京大学历史系考古专业连城考古发掘队，1976）。谢端琚先生也认为石岭下类型继承了庙底沟类型，孕育了马家窑类型（谢端琚，1981）。也有学者提出用"大地湾仰韶晚期"替代"石岭下类型"（阎渭清，1988）。

图 32　马家窑类型十字形圆点纹彩陶敛口瓮（同德县宗日遗址出土，距今 5000 年）

　　除上述夏鼐先生的分期外，严文明先生注意到半山期是马家窑期经过小坪子期逐步发展起来的，他认为马家窑类型本身还可以分为石岭下、雁儿湾、西坡呱、王保保四组（严文明，1978）。张学正先生认为，马家窑文化可分为三期：早期以蒋家坪下层为代表，中期以蒋家坪上层和林家下层为代表，晚期以林家中、上层为代表。丁见祥先生以东乡林家遗址为基准，以甘肃出土马家窑文化遗存为参照，把马家窑文化分为五期，第四期又分为早段和晚段（丁见祥，2010）。

二　典型遗址

（一）乐都柳湾

　　1974—1978 年，青海省文物管理处考古队和中国社会科学院考古研究所在青海乐都柳湾发掘 1500 座墓葬，其中，半山类型墓葬 257 座，马厂类型 872 座。半山类型墓葬出土的随葬器具主要是陶制器皿，完整的和经修复可以复原的半山类型陶器共 266 件。陶器按质料分为泥质红陶、泥质灰陶和夹砂红陶 3 种，以泥质红陶为主，夹砂红陶次之，泥质灰陶最少。半山类型陶器的造型都为平底器，不见三足器与圈足器，也未见圜底器。在平底器中，颈腹部普遍附有对称的环形耳或小錾钮，除腹部两侧置有对称的环形耳外，有一部分彩陶壶口沿两侧也附有一对小耳或小钮，有的穿孔、有的不穿孔。除部分素面陶器外，陶器表面一般都有各种不同的装饰，最为常见的是彩绘，其次是绳纹、划纹，还有附加堆纹等。其中，有一种附加堆纹由小方块作串珠式排列，三排作平行排列，两排做成曲折三角形，共五排，饰在粗陶双耳罐的腹上部。这种附加堆纹既有装饰效果，又起着加固作用。

图 33　马厂类型裸体
人像壶（乐都县柳湾
出土，距今 4500 年）

　　乐都柳湾马厂类型时期的彩陶文化更为发达，陶器数量惊人，共出土
13227件，在一个地点一个文化类型就有如此多的陶器，可以想见当时制陶业
规模之大。这一时期，制陶技术的提高主要体现在窑室更大，火膛加深，烧制
火候高而火力均匀，陶器的质地更加坚硬而器表颜色更加均匀柔和（崔永红，
1998）。马厂彩陶大多是手制的，一般采取泥条盘筑法，因此有些器物的内壁
留有未经磨平的粘叠痕迹，小型陶器则用手捏塑而成。马厂类型彩陶分为泥质
红陶、夹砂红陶、泥质灰陶和夹砂灰陶四种，以泥质红陶最多，造型除平底器外，
还有圜底器和尖底器，陶器器形有陶盆、杯、壶、彩陶罐、彩陶壶、瓶、带嘴
陶罐、长颈陶壶、单耳陶壶、侈口陶罐和粗陶双耳罐等。

　　乐都柳湾的原始先民创造了辉煌灿烂的彩陶文化，其彩陶发掘数量之庞大，
陶器类型之丰富，纹饰之繁多，世所罕见。从柳湾出土的半山、马厂及齐家文
化彩陶看，这是一处马家窑文化后期的原始先民聚居地，得益于当时温润的气
候和周边良好的土壤及水资源条件，原始先民们在这里过着原始农业与渔猎并
举的社会生活，较为发达的粟作农业及丰富的渔猎资源为当地制陶业的持续发
展提供了基本物质保障，逐步完善的陶器制作技艺及烧制工艺也为制陶业的兴
盛提供了技术保障，加之当地居民一直传承着以彩陶随葬的习俗，使制陶业得
以勃兴（青海省文物管理处考古队、中国社会科学院考古研究所，1984）。

图34　马厂类型蛙纹彩
陶壶（乐都县柳湾出土，
距今4500年）

　　值得注意的是，柳湾半山、马厂彩陶属于马家窑文化后期类型，是东部人群及其后裔的文化创造，其所代表的文化内涵逐步脱离了中原礼乐文化的影响，进而影响了之后彩陶文化的发展进程，其土著化色彩又在一定程度上强化了它的地方特色。因此，往往造成柳湾彩陶乃至青海彩陶比中原彩陶形成时间早、发展程度高、具有独立文化来源等的不切实际的看法。基于前文的分析研究，结合图片，我们可以进一步确定，柳湾乃至青海彩陶的生成、发展期晚于中原仰韶文化，是在中原地区各类彩陶文化的孕育和影响下形成、发展起来的。

图 35　马家窑类型舞蹈纹彩陶盆（同德县宗日遗址出土，距今 5000 年）

（二）宗日遗址

　　宗日遗址位于青海同德巴沟乡的黄河北岸，距同德县城约 40 公里，是一处距今 5600—4000 年间存续的新石器时代农业人群遗址。1982 年，青海省文物考古研究所高东陆先生率领的文物普查小组在巴沟乡团结村发现了一处新石器时代遗址，这是宗日遗址的最初发现。因团结村是一个 20 世纪 70 年代末期建立的移民村落，周围地点没有统一称谓，而遗址发现处多有野兔出没，所以命名为兔儿滩遗址。这次发掘共出土、采集泥质陶器和夹砂陶器共 25 件，并确认该遗址为半山类型（高东陆，1985）。后来，该遗址更名为"宗日遗址"，"宗日"藏语为"人群聚集的地方"。1994—1995 年，青海省文化厅文物处清理墓葬 222 座、灰坑 18 个，获得了丰富的考古资料。这次发掘共出土完整或可复原陶器 542 件，另有陶片若干。陶器按质地和颜色可分两大类：第一类为泥质红陶，质地细腻，有的羼细砂，外表打磨光亮，与细腻泥质无异，这类彩陶表面呈橙黄色，多黑彩；第二类为夹粗砂乳白色陶（或乳黄色），质地粗糙，饰绳纹，彩陶以紫红彩绘制图案，器型有瓮、壶、罐、盆、碗、钵、杯等（青海省文物管理处、海南州民族博物馆，1998）。

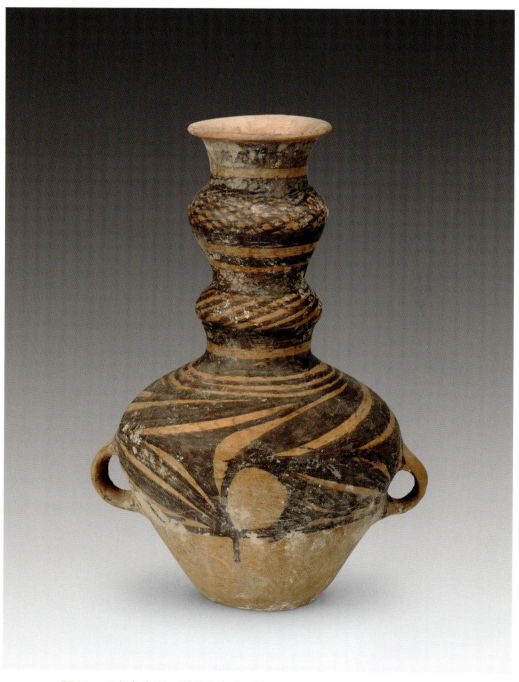

图 36　马家窑类型三联彩陶壶（同德县宗日遗址出土，距今 5000 年）

　　第一类彩陶中，大型器物通体彩绘或在腹部以上施彩，敞口的小件器物则多施内彩，绝大多数施黑彩。纹样以几何纹为主，常见旋纹、波纹、弦纹，还有网纹、弧线三角纹等。从分期看，这一类彩陶从马家窑类型一直延续至齐家文化时代。第二类彩陶后来被命名为宗日式彩陶，应当是土著居民模仿外来移民制陶技艺基础上制造出来的，这类陶器上的图案主要是变形鸟纹和多道连续折线纹（俯视呈多角星纹），还有折尖长三角纹、竖线折尖纹、网格纹、条线纹等。大型小口器物彩绘多在颈、肩部及口沿内侧，小型敞口器物则多为内彩。宗日式彩陶与马家窑类型和半山类型彩陶共存，说明其本身也是属于不同时期的，可以分出与马家窑类型同时的和与半山类型同时的两部分。这一类型彩陶在制作技艺、器形、纹饰等方面表现出很强的统一性，越到后期数量越多，且与齐家文化彩陶有诸多共同点，时间上填补了半山类型与齐家文化之间的缺环（西北大学文博学院、青海省文化厅文物处，1998）。

图 37　宗日文化折线纹夹砂彩陶壶（同德县宗日遗址出土，距今 5000 年）

从一组仰身直肢葬和俯身直肢葬的稳定同位素分析发现，宗日遗址相当于马家窑文化阶段的古代居民采取以农业为主的生业形态，主要的食物来源是 C_4 类植物（粟和黍），俯身葬组的食谱中植物类比例呈逐渐增加的态势，而仰身葬组的食谱则是相当稳定，这说明仰身葬组代表外来的农业定居民，俯身葬组则是原本以狩猎采集为生的土著，随着当地原始农业的发展，土著居民的饮食对农作物的依赖程度逐渐增加（崔亚平等，2006），这也说明宗日遗址是一个由东来的农业移民和当地原本以狩猎采集为生的土著所组成的聚落（洪玲玉等，2012）。宗日遗址所出土的彩陶反映了马家窑文化人群的继续西进及其与土著人群之间的文化互动，也反映了马家窑文化人群在地理分布上的特点。作为原始农业的传播者，宗日是他们抵达的最西端，他们不仅徙入青藏河谷腹地，且与当地土著一道创造了辉煌的原始文化。宗日式彩陶是该遗址最有价值的考古发现，从最初多见小型陶器到中后期大型器的增多，从手捏制作到泥条盘筑法的运用，都反映了土著居民吸收外来文化的生动历史过程，这一类型彩陶反映了马家窑时代原始文化人群的交融互动及其文化创造，也反映出土著文化的一些特色。研究发现，宗日式彩陶分布于青海湖南面的共和盆地，在贵南尕马台、共和铁盖、贵德罗汉堂等地都有它的身影，应当是在一个相对封闭的地理单元内长期存续的土著文化类型（西北大学文博学院、青海省文化厅文物处，1998）。

图38 宗日文化鸟纹彩陶壶（同德县宗日遗址出土，距今5000年）

第二节 彩陶贸易问题

马家窑文化兴起后，曾从中心地带向四周传播。在青海地区，马家窑文化向西传播进入了共和盆地。甘青地区的彩陶文化也传播到川西及西藏昌都等地。有学者认为史前时期存在长距离的彩陶贸易，我们拟从人群迁徙与彩陶文化播迁的角度来分析这一问题。

图 39 马厂类型网格纹彩陶提梁罐（民和县官户台遗址出土，距今 4500 年）

一 学术界的看法

在青海，共和盆地是马家窑文化影响和渗透的主要地区（丁见祥，2010）。其中，同德宗日地区是马家窑文化分布的西部边陲，这一地区出土的马家窑文化彩陶到底是输入品还是当地居民制作的，一直是学术界关注的重要问题。陈洪海先生认为，宗日遗址出土的马家窑文化彩陶可以分为输入品、创作品和仿制品三类，主要区别在于制作技术的差异（陈洪海，2002）。洪玲玉等学者把宗日遗址出土的 26 件陶片标本分为甲、乙、丙三组，进行陶胎的化学组成检测，以探讨不同类别陶器的产地问题。他们主要使用激光剥蚀进样、电

图 40　马家窑类型弧线网纹彩陶瓮（同德县宗日遗址出土，距今 5000 年）

感耦合等离子发射光谱仪分析方法，得出的结论是，宗日遗址出土的典型的马家
窑文化彩陶绝大多数是从外地输入的，理由是这类陶器的化学组成与宗日式陶器
明显不同。此外，洪玲玉等学者也注意到宗日马家窑文化陶器多为彩陶，少素面陶，
随葬数量少，且为适应远距离运输，陶器的体积普遍较小（洪玲玉等，2012）。

图 41　半山类型弧线宽带纹彩陶壶（青海省博物馆藏品，距今 4600 年）

　　学术界还认为，甘青马家窑文化经藏彝走廊向西南地区传播。洪玲玉等撰文认为，川西高原出土的马家窑风格彩陶可能不是产于当地，而是在人群迁移的同时持续地从黄河上游输送而来，当时存在着一定组织的彩陶贸易网络（洪玲玉等，2011 年）。但是，研究表明，白龙江流域及岷江上游的彩陶遗迹是仰韶文化人群渗透的结果（短绠，1959），也就是说，仰韶文化进入甘肃地区之后，向不同方向传播，川西高原的彩陶有其自身的传续来源，不一定受甘青马家窑文化影响。此外，西藏昌都卡若出土了少量彩陶，其彩绘直接绘在夹砂陶的磨光面上，黑彩暗淡，容易脱落，与马家窑马厂类型的彩陶相似（西藏自治区文物管理委员会、四川大学历史系，1985）。霍巍先生认为，西藏昌都小恩达遗址石棺墓等的出土文物证实，河湟地区的陶器制作技术经过藏彝走廊传入西藏地区（霍巍，1994）。

图 42　马厂类型变体蛙纹彩陶壶（民和县山城遗址出土，距今 4500 年）

二   不存在长距离彩陶贸易

图 43   宗日文化带把内彩条形纹彩陶碗（同德县宗日遗址出土，距今 5000 年）

以上研究中，洪玲玉及其研究团队主张史前时期存在长距离彩陶贸易，且利用现代科技手段较深入地分析了同一遗址中不同彩陶的来源问题。而我们认为史前时期并不存在长距离彩陶贸易，理由如下：

首先，受仰韶文化人群西迁的影响，河湟地区的无陶土著居民通过模仿掌握了彩陶制作技艺，而宗日等地的考古发现也能证实当地土著向外来移民学习制陶技术，因此，不存在长距离彩陶贸易的前提。

长距离彩陶贸易的前提是某一地区可持续供给大量的彩陶制品。在湟水流域，无论是民和核桃庄、阳山，还是乐都柳湾及大通上孙家寨，都堪称是原始彩陶文化的中心，因此，这些地区存在向外输送彩陶的条件。在青海黄河南北两岸的循化、化隆、贵德、贵南等地也有一些马家窑文化遗址，具备彩陶外输的条件。如果存在长距离彩陶贸易，那么，河湟地区的确具有彩陶外输的条件。长距离彩陶贸易的另一个条件是当时存在商品贸易。从考古学角度看，马家窑文化时期河湟地区的原始商业活动已得到初步发展，主要证据是马家窑文化墓葬中出土了海贝、蚌壳、叶蜡石、绿松石等产于中原及沿海地区的物品。比如，乐都柳湾曾出土产自湖北、陕西一带的绿松石，产自福建寿山、浙江青田等地的叶蜡石，以及产自南海的海贝（青海省文物管理处考古队、中国社会科学院考古研究所，1984）。如此长距离的原始贸易尚且能够在当时形成，那么，在青藏高原缘边及腹地出现彩陶贸易似乎也不足为奇。

图 44　半山类型贝形纹彩陶壶（同德县宗日遗址出土，距今 4600 年）

长距离彩陶贸易的另一个重要前提是彩陶输入地没有或少有陶器，且当地居民没有掌握彩陶制作技术，因此需要输入陶器，以满足生活之需。如前所述，彩陶是原始粟作农业的伴生物，掌握粟作农业技术的仰韶文化人群早已拥有制陶技艺，但凡是这一人群所到之处，都有彩陶文化的传播。研究也证实，仰韶文化人群西徙过程中与当地土著一道创造了不同类型的彩陶文化，河湟无陶土著在距今 5800 年左右逐步掌握了彩陶制作技术。在同德宗日，外来的马家窑文化移民本身拥有制陶技艺，制作宗日式陶器的当地土著也向外来的马家窑文化人群学习制陶，所制陶器应当能够满足生活所需。这都说明，长距离彩陶贸易不具备商品需求这一重要前提条件。

图 45　半山类型弦纹彩陶壶（同德县宗日遗址出土，距今 4600 年）

　　由此看来，长距离彩陶贸易虽然有稳定的商品源，也具有实施商业贸易的时代条件，但是，不具备商品需求的前提。

　　其次，长距离彩陶贸易不具备实施的交通条件。

　　原始社会时期，特定区域内的商业贸易往往受制于当地的交通条件，因而限制了贸易的规模和流通商品的种类。从规模角度看，受制于当时的交通条件，原始时代的跨区域贸易往往是小规模的，当时的先民们依循河流山川间的自然通道把他们认为最为珍贵的物品交易到周边地区，而大规模的长距离贸易则是人类进入文明阶段后的产物。从流通商品的种类看，也是受制于交通条件，长距离贸易的商品往往是小件物品。彩陶具有较重、易碎的特点，在当时只能依赖自然形成的交通路线的时代条件，且沿线各氏族部落在各种原因可能会堵塞交通的条件下，不可能形成稳定的、长时段的长距离彩陶贸易。

图 46　半山类型锯齿折线纹彩陶罐（民和县新民阳山墓地出土，距今 4600 年）

　　最后，洪玲玉等学者的研究存在一定的问题。

　　彩陶的化学组成不是一个单纯的问题，它与烧制的温度、不同的取土点，以及陶料的性质都有关系。在不同温度的烧制下，彩陶的化学组成会发生变化，宗日外来移民烧制的彩陶与当地土著的烧陶之间的区别就反映在烧制工艺的不同上，所以，工艺不同，陶器的化学组成发生分化是正常的现象。宗日地区是黄土高原和青藏高原的交汇地带，当地的土质具有一定的多元性，烧陶所用的土质不同，会造成彩陶的化学组成分化的现象，这应当是一个常识。另外，宗日出土的陶器，既有泥质陶，有马家窑文化类型的夹砂陶，也有宗日式夹砂陶，因此，不同的陶料会造成化学组成的变化。在这样的情况下，在同一地区烧制的不同类型的陶器之间有化学组成上的区分，应当是正常的情况。换言之，化学组成不能说明彩陶的来源问题。

图 47　马厂类型蛙纹内彩盆（青海省博物馆藏品，距今 4500 年）

　　此外，洪玲玉及其研究团队认为，宗日墓葬中马家窑文化彩陶的陪葬数量少，且彩陶的体积普遍较小，并认为这是长距离贸易条件下的产物。我们认为，陶器陪葬数量的多寡应当和当地的丧葬习俗有关，也和外来移民的人口规模有一定联系；墓葬出土的彩陶遗物不代表当地制作、使用彩陶的总体状况，以小型器随葬应当与葬俗有关，大量随葬的宗日式陶器器形也较小。因此，马家窑文化彩陶陪葬数量少、体积小不能说明这些彩陶就是外来的。

　　从考古发现看，一些考古遗迹中的确发现了外来的马家窑文化彩陶，如同德宗日发现的马家窑文化舞蹈盆和大通上孙家寨出土的舞蹈盆较为类似，澜沧江流域发现的卡若遗址中出土了两件完整的彩绘陶器和 27 片带彩绘陶片，陶罐的基本类型是小口直颈鼓腹罐，这与马家窑、半山、马厂类型中罐、壶的轮廓很接近。其中，深腹盆和陶碗，在马家窑、半山、马厂类型中也很常见（西藏自治区文物管理委员会、四川大学历史系，1985）。在不存在长距离彩陶贸易的前提下，这些彩陶是如何传播至如此远的地方的呢？

图 48　马厂类型菱形纹带盖彩陶壶（民和县山城遗址出土，距今 4500 年）

　　我们认为，原始时代的文化传播与移民迁徙息息相关，彩陶也不例外。以西藏昌都卡若遗址为例，因地处河谷，气候湿润，并不适宜粟米种植，但是经过对卡若遗址农作物遗迹的科学检测，当地种植的是粟米，这显然是从马家窑文化传播而来（西藏自治区文物管理委员会、四川大学历史系，1985）。在西藏卡若、墨脱马尼翁、山南隆子县等地发现的石斧，长、宽比值很大，剖面呈长方形或正方形，这与黄河上游甘青地区新石器文化中所出的同类器形也很接近（西藏自治区文管会文物普查队，1994）。可见，长距离的移民活动首先导致的是自身典型文化的移植。作为粟作农业的承载者，马家窑文化人群所到之处都会种植粟，且以粟米作为稳定的食物来源，即使在气候条件并不完全适宜粟米种植的地区也会种植这一作物，如西藏山南昌果沟遗址中也有粟米出土（傅大雄，2001），它的来源显然与移民活动有关。作为重要的食物来源，马家窑文化移民所到之处都会种植粟米来解决生计问题，也会利用当地石材制作石斧等生产工具，没有证据表明粟和石斧等存在长距离贸易问题。

　　彩陶也一样，在马家窑人群徙入之地，最初可能存在伴随移民活动的少量彩陶输入问题，但大规模、长时段的彩陶生产是在当地完成的。比如，昌都卡若先民惯用的钻孔修补陶器的方法，也常见于半山、马厂文化类型。当地出土的陶片共计 2 万多片，绝大多数破碎太甚，难以复原。其中，能够辨认器形的有 1234 件，分罐、盆、碗三种，代表性的器物是双体兽形罐，线条圆浑，古朴生动，这些陶器尚未使用陶窑，而是如同现代云南的傣族和佤族一样，在露天的火堆中烧制而成（西藏自治区文物管理委员会、四川大学历史系，1985），这种现象和宗日土著学习外来移民制陶技艺的过程有一定相似之处。

　　总之，马家窑文化彩陶是粟作农业的伴生物，在原始先民的生活中扮演着重要角色，它们随着这一人群的西徙南迁传播至青藏高原边缘地区，成为当时人类的重要文化创造。彩陶随人群迁徙输入一些地区的情况应当是存在的，但较大规模的长距离的彩陶贸易应当不会存在。

第三节　艺术风格

　　青海马家窑文化各个类型的彩陶，"以其最流行的主题纹饰与其他花纹搭配，组合成无数种精美的图案，形成既有相对统一的主题风格，又有层出不穷的变化形式的彩陶艺术，能给人以强烈的感染力"（崔永红等主编，1999）。本节中，我们拟讨论马家窑文化彩陶的总体艺术特点和个别典型器物的艺术风格，同时，对马家窑文化陶器纹饰的过度阐释问题展开分析。

图 49　马家窑类型舞蹈纹彩陶盆（同德县宗日遗址出土，距今 5000 年）

一　总体艺术特点

　　石岭下类型彩陶的典型器形有平口与侈口尖底瓶、大口缸、彩陶钵、曲腹盆、深腹盆、彩陶壶等，器物造型以平底器为主，尖底器和假圈足器也较为常见。石岭下类型的彩陶图案含有较浓的仰韶文化庙底沟类型因素，多见平行条纹、圆点纹、弧边三角形、波浪纹等，大致可分为像生类和几何形两大类，像生类图案母体有鸟纹、鲵鱼纹、蛙纹，几何形构图元素有弧边三角形、弧线纹、圆圈纹、圆点纹、网络纹、平行条纹，构成左右对称的图案，纹饰优美、线条流畅、色泽鲜艳，表现出高度的制陶工艺水平。石岭下彩陶纹饰总体上呈强调线条、收缩曲形线、减少平涂块面的趋势，使得曲边三角形变得更为细长，定位点变得小而圆，以曲缓的"S"形线或回转放射状线束相连，使线条组成的网格纹成为图案纹饰构成的主体要素，堪称"线的世界"（陈绶祥，2016）。

图 50　马家窑类型同心圆内彩盆（民和县核桃庄遗址出土，距今 5000 年）

　　马家窑类型的典型器包括侈口长颈双耳瓶、卷缘鼓腹盆、敛口深口瓮、侈口有肩尖底瓶等。彩陶纹饰主要有水波纹、圆点纹、旋涡状带纹、卷草纹、蝌蚪形纹、蛙形纹等，充分表现了傍水而居的生活气息。在一件陶器上，既有动物、植物纹，也有编织、几何形纹，且把经过简化的动物、植物纹组合在编织、几何形纹中，体现出协调统一的艺术特色（郑为，1985）。马家窑类型彩陶图案采取以纹样为中心放射扩展的艺术形式，极尽流动、联旋的线条处理手法，图案繁缛工整、华丽精巧、疏密有致，线条奔放、飘逸流畅、富有动感，并具有强烈的韵律节奏，艺术表现力极强，颇具美感（王巍，2014）。

　　石岭下、马家窑类型与半山、马厂类型之间存在着明显的文化断裂，这与西迁人群的不同文化属性有关。仰韶文化人群的西迁及其与当地土著的融

图 51　马家窑类型弧线网纹彩陶瓮（同德县宗日遗址出土，距今 5000 年）

合形成了石岭下、马家窑类型的彩陶，其艺术风格与庙底沟类型彩陶一脉相承；半山类型的彩陶是东部人群徙入的产物，这一时期马家窑文化彩陶总体上走向衰落期，尤其是马厂中后期的彩陶纹饰简化、器物制作粗糙，有学者认为这是对一些繁缛风格的反拨，更是对审美妨碍实用的反拨（朱志荣、徐云敏，2007）。

图 52   半山类型四大圆圈纹彩陶罐（同仁县保安遗址出土，距今 4600 年）

　　半山类型陶器以红陶为主，有少量的灰陶和白陶，典型器包括小口细颈壶、贯耳小口壶、细长颈瓶、浅腹盆、曲腹钵、双耳罐、鸟形壶、瓮等。彩陶纹饰包括锯齿纹、折线纹、鳞纹、棋盘格纹、菱格纹、横带纹、网络纹、三角形纹等，其中，锯齿纹、菱格纹等不见或少见于石岭下、马家窑类型彩陶。半山类型彩陶纹饰把图案分割成各自独立的单元，削弱了前两种类型回旋曲线联结的艺术手法，使纹饰失去连贯性和整体性，以强烈的色彩和繁缛的修饰来强化彩陶图案的独立性（陈绶祥，2016），使彩陶显得繁缛细腻、富丽堂皇。

图 53   半山类型旋涡纹双耳彩陶瓮（民和县新民阳山墓地出土，距今 4600 年）

　　马厂类型的器型大部分脱胎于半山类型，新增的典型器型是单耳带鋬筒状杯。纹饰以四大圆圈纹、变体神人纹、波折纹、菱形纹、三角纹为主。总体上，马厂类型彩陶器形单一，陶质粗糙，出土数量多，应当是专业化分工下的产品。最具代表性的四大圆圈纹以红黑相间的边线彩绘而成，圆圈内填以网格纹、菱形纹、十字纹、井字纹、卐字纹等。其中，卐字纹和尖顶冠形花纹早见于中西亚地区（韩建业，2015）。李泽厚先生认为，四大圆圈纹形象模拟太阳，可称之为拟日纹，当是马家窑类型旋涡纹的继续发展（李泽厚，2000）。李智信先生认为，马厂类型的圆圈纹是人首，人首内的填充纹样是从旋涡纹的填充纹样发展而来（李智信，1995）。总之，马厂类型彩陶的制作者用粗细不一的红黑线条，随意的转折画线，粗犷的写意笔触，制造出无数色彩鲜明、大气磅礴、浑朴刚健的彩陶，这种大处简练粗犷、小处细致入微且带有鲜明原始性和神秘性的艺术手法，令人回味无穷。

图 54　马厂类型四大圆圈纹双耳彩陶壶（青海省博物馆藏品，距今 4500 年）

　　综上，马家窑文化彩陶工艺精湛、美感独特，其实用性与审美性的协调达到了彩陶史上的巅峰，神奇辉煌的艺术魅力震撼心灵。陶器纹饰中能通过线条写意、表情，更是马家窑彩陶的精妙之处，并且在对称、韵律和二方连续、四方连续等构图中自发地体现出和谐之美（朱志荣、徐云敏，2007），代表了我国原始社会艺术文化的辉煌成就。

二　典型器物的艺术魅力

（一）马家窑类型舞蹈纹盆

　　青海出土的数以万计的马家窑彩陶中，大通上孙家寨和同德宗日出土的舞蹈纹盆堪称国宝级文物。上孙家寨舞蹈纹盆"主题纹饰舞蹈纹，五人一组，手拉手，面向一致，头侧各有一斜道，似为发辫，摆向划一，每组外侧两人的一臂画为两道，似反映空着的两臂舞蹈动作较大而频繁之意。人下体三道，接地面的两竖道，为两腿无疑，而下腹体侧的一道，似为饰物"（青海省文物管理处考古队，1978）。同德宗日舞蹈纹盆"上腹彩绘三线纽结纹，口沿绘斜线与三角纹，盆内彩绘两组舞蹈人像，分别为 11 人和 13 人，中以圆点弧线间隔。口径 26.4、腹径 26、底径 5.2、高 12.3 厘米"（青海省文物管理处，1998）。这两个舞蹈纹盆的人物形象有一定差异，上孙家寨舞蹈纹盆人体装饰以发辫和下摆物为其特色，宗日舞蹈纹盆人体以腰间团形装饰物为其主要特点。

图 55　马家窑类型舞蹈纹彩陶盆（同德县宗日遗址出土，距今 5000 年）

马家窑类型处于马家窑文化彩陶繁盛期，彩陶的数量和种类都远远超过了石岭下类型时期，然而，绘有舞蹈纹饰的彩陶十分罕见，说明在当时并没有大批量生产，而是为了特定目的制作的，代表着某种文化隐喻（徐峰，2005）。学术界对舞蹈纹饰的意义有着不同的理解，李泽厚先生结合远古巫术文化解释舞蹈纹盆的起源，认为这或许是表现巫术作用或祈祷功能的舞蹈（李泽厚，2000），也有学者把舞蹈纹盆纹饰与劳动生产活动结合起来，认为这或许是在庆祝或希望农业丰收（王真，1983），或者可能是模仿劳动的艺术（王伟章，1996）。也有学者通过符号和数的分析，认为宗日舞蹈纹盆中的实心圆点代表的是太阳，锥立状人代表了古代的"九巫"，他们在进行一种原始的迎日送日仪式，一年有两次和太阳有关的卜筮内容，叫作"十辉法"，其中的连臂舞蹈为太阳舞，是后世连臂舞的最初意义和形态（霍福，2005）。

如前所述，马家窑类型离仰韶文化庙底沟类型较近，其艺术风格所表现的文化内涵也与庙底沟类型相近，即马家窑彩陶很大程度上反映了中原早期礼乐文化。舞蹈纹盆应当是典型的礼器，它集中反映当时的礼乐文化，且具有巫师法器的器物特征，因此十分罕见。

具体来说，从反映早期礼乐文化角度看，大通上孙家寨舞蹈纹盆五人一组两两对称的艺术风格，体现了马家窑类型彩陶的对称美学特色，这是马家窑类型彩陶承续仰韶文化后期类型艺术风格及其礼乐色彩的一个典型。同德宗日舞蹈纹盆的人体组合虽然不是两两对称的，但整齐划一的舞蹈动作，两组图像的对称关系，也能反映中原原始对称美学的基本特征。从总体艺术特点来看，这两个舞蹈纹盆都能反映出彩陶所代表的我国早期对称美学特征，因此应当属于礼器的范畴。

从舞蹈表现的文化内涵看，两个舞蹈纹盆都反映了原始先民载歌载舞的场景，这或许与丰收时的喜悦情景相关，也或许是某个特殊的祭祀仪式舞蹈，但应当都与巫文化相关，所表现的是巫术礼仪舞蹈，至于明确地认定宗日舞蹈纹盆反映了所谓迎日送日仪式等，显然是过度阐释。从宗日遗址中两类不同陶器的出土状况看，宗日舞蹈纹盆是典型的马家窑类型彩陶，是外来移民西徙时带入的或在当地制作的陶器，其使用者应当也是马家窑人群，不是当地土著。因此，用少数民族中常见的连臂舞等解释这一舞蹈场景也是不恰当的。

总之，大通上孙家寨舞蹈纹盆和宗日舞蹈纹盆是我国彩陶艺术史上的巅峰之作，它们都表现了中原早期文化中的对称美学意识，反映了原始时代礼乐文化西徙的具体特点，同时也是早期巫术具象化的艺术表现。

图 56　马家窑类型加白弦纹彩陶罐（同德县宗日遗址出土，距今 5000 年）

（二）一些异形器的艺术特点

1. 弦纹折线彩陶鼓

鼓是一种打击乐器，原始时代的鼓主要有土鼓和木鼓两大类。土鼓即陶鼓，《周礼·春官·龠章》记载："龠章掌土鼓豳龠。"郑玄注曰："土鼓，以瓦为匡，以革为两面，可击也。"（阮元，2009）彩陶鼓既是异形实用器的一种，也是一种娱乐用具和宗教祭祀用具。陶鼓在马家窑文化较为常见，在甘肃兰州、永登等地都有发现（胡桂芬，2017）。马家窑文化彩陶鼓的鼓面应当是蒙有皮革的，因埋藏地下久远，皮革腐朽，因此，这类陶器往往被视为异形器，或称为"喇叭形器""特殊器形"等。

图 57　半山类型折线纹彩陶鼓（民和县新民阳山墓地出土，距今 4600 年）

　　青海省博物馆藏的这件陶鼓，出土于民和县阳山墓地，属半山类型陶器，是发现的两个陶鼓之一（青海省文物考古队，1984）。这件陶鼓器身绘有弦纹折线，故名弦纹折线彩陶鼓。器形呈敞口、圆颈、细腰、曲腹，因此又称"喇叭形器"。口沿有用于蒙皮的小洞，口、底各置一环形耳，上下联通，显然是蒙皮革用于奏乐的陶器。

　　这件陶鼓的艺术特点主要表现在它的实用方面。研究表明，原始时代的陶鼓经历了漫长的发展期，随着岁月的流逝，不断被改造（高天麟，1991），至半山时代其形制已然十分成熟，敞开的喇叭口和口沿的穿孔方便蒙皮革之用，上下两个环形耳用于系绳悬挂，加之器身上简约大方的纹饰，观之，令人不由得想象当时原始先民们击鼓奏乐的生动景象。

　　2. 人头像彩陶罐

　　马家窑文化先民由观物取象获得陶器造型和纹饰的灵感，由所见所感激发创造性的模仿，并对物象加以简化和抽象化。他们还近取诸身，在陶器器形和纹饰中表现人体形象，而人头形器彩陶体现了人体对彩陶造型和纹饰的影响。

图 58　马厂类型人头像彩陶壶（民和县山城遗址出土，距今 4500 年）

青海省博物馆藏马厂类型人头像彩陶罐，罐的上半部分绘有浓重的黑彩，罐体中部粗犷的折线纹及附着在边缘的锯齿纹，既反映出马厂类型彩陶纹饰的基本特征，又反映了这一时期陶器与半山类型之间的亲缘关系。在双耳之间中部偏上的位置，塑有一人头，头像较小，但五官清晰、生动。人头显然是手捏制而成，置于罐体中部，显得有些突兀，看上去是制陶者偶尔为之的灵感之作，反映了原始先民对人首的认知和好奇心理。类似的彩陶也出土于乐都柳湾，其中一些是对人类的模仿，个别表现人体的彩陶反映了生殖崇拜的原始文化心理。

3. 鸭形彩陶壶

马家窑彩陶纹饰往往以动物形象为其题材来源，一些彩陶的形制也模仿动物形体，反映出人类与自然万物之间亲密的伴生关系，也反映了原始先民高超的艺术模仿能力。

图 59　马厂类型鸭形彩陶壶（民和县加仁庄遗址出土，距今 4500 年）

青海省博物馆藏的这件鸭形彩陶壶出土于民和县加仁庄遗址，是典型的马厂类型彩陶。这件鸭形异形器总体上分两部分，下半部分是鸭形状壶体，十分生动、形象，睹之感觉一只身体肥美的鸭子游弋于湖中，其体态之饱满、形象之生动，着实令人感叹！壶体上半部分则为一小形罐体，制作亦十分精致。这是一件实用与艺术美感兼具的异形器，集中体现了制陶者高超的手工艺水平和对自然万物的深切感知能力。

三　对陶器纹饰、符号的过度阐释问题

马家窑彩陶纹饰十分丰富，集中反映了原始先民们对自然万物和自身的认知、模仿，同时也体现了他们的审美情趣。研究和解读这些纹饰可帮助人们了解原始先民社会生活和审美意识，比如，重复出现的蛙纹与当时人们的生殖崇拜心理有一定关联。总体而言，彩陶上的纹饰是原始先民观物取象或近取诸身的产物，虽然反映了他们的思想意识，但不能过度阐释，以致把彩陶纹饰的功能人为地夸大。

上述关于舞蹈纹盆的阐释中，就有过度阐释的问题。原始先民们载歌载舞的生动场景与何种生产生活活动有关，既无直接信息为表征，亦无间接证据为依托，称其为祭祀太阳时跳的太阳舞之类的解读，脱离了原始巫术文化的基本范畴，已然与宗教文化挂钩，而后者是文明时代的产物。还有，学者们在解释仰韶文化晚期鸟纹与蛙纹关系时，把这两种纹饰与原始图腾学说结合起来，认为鸟纹代表着某一部族的图腾，蛙纹则代表另一支部族的图腾，而马家窑文化中频繁出现蛙纹，那么，这一支原始先民是以蛙为图腾的。这样的解释，一方面把人群聚落与早期族群的关系推衍至五千多年前，已然不符合人类活动的基本规律，同时也教条地理解和运用了图腾学说，对蛙纹的作用亦有过度阐释的嫌疑。

马家窑文化彩陶上也有大量的符号。以乐都柳湾为例，在 679 件陶器上发现了绘上去的符号，这些符号大多绘在陶器的下部，少量绘于底部，甚少发现绘于顶部的状况。符号大致分为两类，一类为几何形符号，一类是动物形符号，以前者居多，后者仅发现 5 件。发掘报告的撰写者认为，这些符号代表了一定客观事物的意义（青海省文物管理处考古队、中国社会科学院考古研究所，1984）。

研究表明，马厂类型彩陶上的符号是纹饰抽象化的顶点，它说明当时的人们不仅已经有了记录生活的强烈要求，而且已经有了比较高明的手段。这些符号在当时并没有发展为完备的文字，这是受到当时历史条件的局限。同时，先民们绘制这些符号的时候并没有一种郑重其事的态度，符号与纹饰相比显得潦草，从其自身的特点来看，只是记录了在制陶过程中的某种事件，而不表示其他的意义。因此，也不能把有无符号的出现作为判断当时人们有无以某种记号来记事的能力的唯一标准，因为同样的符号记事亦可采用多种形式（尚民杰，1988）。

我们也认为这些符号虽然有表意的含义，但既不是一种文字，也并非全部

都有记载社会生活的意义。然而，在当前的研究中，一些学者对这些符号做了过度阐释，甚至认为它们本身就是文字，或者是汉字的起源等。有学者认为，柳湾马厂类型陶器刻划中有两个十分明确的并列在一起的六爻数字卦，二者均是一五六五五六巽卦（王先胜，2009）。这是把马家窑文化后期的刻划符号和卦爻的起源结合起来。还有人把马家窑彩陶上的符号直接认定为"巫"字，声称找到了我国文字的起源（王志安，2011）。彩陶符号大量涌现的马厂类型时期，大概是我国的传说时代，即三皇五帝时期，当时，中原各地存在大量的小的政治实体，尚未形成大的超强政治实体，亦即未完全进入国家阶段。"当禹之时，天下万国"（《吕氏春秋·用民》，1954），即使进入文明时代，中原各地仍处于方国林立的状态，在这样的时代背景下，很难想象，远在西北边陲的马家窑文化马厂类型人群的刻划符号与产生于我国东部地区的汉字形成联系，更难以想象这些刻划符号与代表中原的卜筮之学产生联系。东部大汶口—龙山文化系统与西部马家窑文化系统尽管总体上属于华夏文化圈，但二者的文化表现有很大不同，尤其是东部人群徙入而形成的半山—马厂类型的文化属性与中原礼乐文化的关系较为疏离，因此，马家窑文化晚期类型中的文化表现不能和龙山

图 60　宗日文化鸟纹彩陶壶（同德县宗日遗址出土，距今 5000 年）

文化等同起来，尤其是汉字的早期形态应当与龙山文化有直接关系，而与马家窑文化马厂类型的刻划符号没有关联。至于卦爻符号则更是中原文化的典型体现，与西部马厂类型文化也无直接关联。

　　总之，彩陶的纹饰、符号是了解、认知原始时代人类活动的重要素材，既要重视利用这些素材研究原始文化，也要理性地对待这些素材，尤其不能过度阐释。

第三章　齐家文化彩陶

　　齐家文化因 1924 年在甘肃广河齐家坪首次发现而得名，是一个继马家窑文化之后在甘青地区兴起的铜石并用时代的考古学文化（石陶，1961）。放射性碳素测定乐都柳湾齐家文化的时代为公元前 1915±155 年（青海省文物管理处考古队、中国社会科学院考古研究所，1984），齐家文化下限为距今 3690±95年（中国科学院考古研究所实验室，1972）。

第一节　地理分布与文化内涵

一　地理分布

　　齐家文化的地理分布比较广泛，主要分布于东起泾河、渭河流域，西至青海湖畔，西北至河西走廊西端，南抵白龙江流域，北入内蒙古自治区阿拉善左旗鹿团山附近的广大区域内。1958 年，考古工作者在内蒙古巴彦淖尔盟阿拉善旗的鹿图山发现了齐家文化遗物（齐永贺，1962）。1964 年，宁夏固原海家湾发现齐家文化墓葬，出土齐家文化典型器双耳红陶罐等（宁夏回族自治区展览馆，1973）。2001 年，地质工作者还在东昆仑祁漫塔格山发现齐家文化石器（王进寿等，2003），这或可说明齐家文化人群曾徙入柴达木盆地。

　　青海境内经调查登记的齐家文化遗存约 430 处，广泛分布于东部地区的河谷地带，在湟水流域和黄河南北两岸都有发现。经过考古发掘的遗址和墓地主要有贵南尕马台、大通上孙家寨、乐都柳湾、民和清水泉、西宁沈那、民和喇家等。其中，贵南尕马台遗址地处贵南县原拉乙亥乡昂索村黄河南岸二级台地上，这是一处既有马家窑文化马家窑类型晚期彩陶和宗日式夹砂白陶出土，也有齐家文化陶器出土的文化积淀较丰富的遗址。乐都柳湾发现了 366 座齐家文化墓地，主要分布在墓地的西边台地上，其墓葬形制与马家窑文化马厂类型接近，个别墓葬的墓坑底部有加筑一排石板的现象。西宁沈那遗址位于湟水河与北川河交汇的第二台地上，1948 年首次发现时命名为"小桥遗址"，1979 年改名为"沈

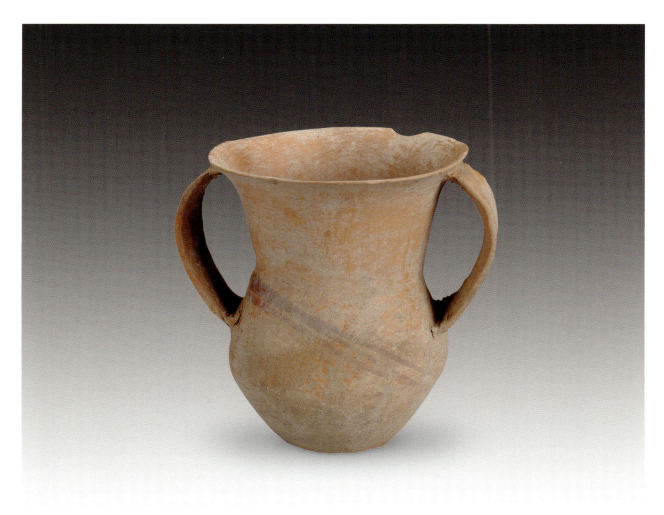

图 61　齐家文化双耳彩陶罐（乐都县柳湾遗址出土，距今 4000 年）

那遗址"。据说，"沈那"为羌语，意为"依山面水，黑刺茂密"，考古工作者发现了"白灰面"建筑遗迹，说明这是一处典型的齐家文化遗址。该遗址出土的圆銎宽叶倒钩铜矛，全长 61.5、宽 19.5 厘米，矛体宽大，估计是当时的礼器（王国道，1999）。民和喇家遗址位于民和官亭镇下喇家村，是一处灾难遗址，黄河异常洪水和地震为主并伴有山洪暴发的群发性自然灾害导致了喇家遗址的毁灭（夏正楷等，2003），是一处近年发现的文化内涵十分丰富的齐家文化遗址。

　　总之，齐家文化在青海的分布范围主要集中在湟水流域和黄河南北两岸，其分布范围在马家窑文化基础上有所扩展，且与历史时期青海地区农业人口的分布状况基本一致，从侧面反映出齐家文化人群的文化属性，也反映了这一人群在河湟地区开发史上的重要地位与作用。

二　文化内涵

从文化表现看，齐家文化人群已然有较自觉的宗教文化意识，民和喇家遗址发现的祭祀小广场就充分说明了这一点。2001 年，考古工作者在喇家 V 区的台地中部发现了一片小型广场遗迹，系人工踩踏而成。清理出了存有人骨遗骸的杀祭坑，坑呈袋状，口小底大，口沿处有浅槽痕迹。在硬土面中还清理出埋藏坑，出土了陶器、玉石器、骨器和卜骨等，这都能说明这一小广场是当时人们重要的宗教祭祀仪式活动场所（叶茂林，2002）。在小广场附近发现了 3 排 9 个柱洞的地面建筑，仅占地 3 米见方，地面上没有明显的活动痕迹，也没有遗物。考古工作者推测是一个结构比较简单的干栏式高台建筑，很有可能是 "社" 或 "明堂" 一类的干栏式礼制建筑（中国社会科学院考古研究所甘青工作队、青海省文物考古研究所，2004）。此外，喇家遗址还出土了大型玉刀，在当地村民家中征集到了巨型石磬。

从文化来源看，青海齐家文化既受到客省庄二期文化的影响，也受到马家窑文化半山、马厂类型的影响。齐家文化的居民一般有自己的氏族公共墓地，位于聚落附近，与氏族的大小相适应。齐家文化的 "凸" 字形墓可能源于马家窑文化半山、马厂类型，到齐家文化时期得到进一步发展，代表了该地区比较特殊的一种葬制（谢端琚，1986 年）。从贵南尕马台齐家文化墓地流行的俯身直肢葬式以及二次扰乱葬、二次葬及迁葬等现象看，齐家文化的地域特征也较明显。从陪葬品情况看，齐家文化时期已有明显的贫富分化，在同一墓葬区，一些墓葬拥有丰富的陪葬品，而另一些则随葬品少且有多人合葬等现象。

从生产生活方式看，齐家文化人群生活在青藏高原、黄土高原的过渡地带，大约从距今 4000 年以来，在这农牧交错的地带，人们在河谷从事农业生产，在高地草原上从事着牧业生产，同一氏族亦农亦牧的情形也很常见。乐都柳湾齐家文化墓葬出土的生产工具以农业工具为主，纺织工具次之，狩猎工具很少（青海省文物管理处考古队、中国社会科学院考古研究所，1984），这说明当时的柳湾人过着比较稳定的定居生活，原始农业是主要的经济行业（崔永红等主编，1999）。从喇家遗址的发现看，齐家文化人群的生产生活方式明显受到气候条件的作用与影响，随着河湟地区气候的变干变冷，齐家文化人群的生产方式从农业逐步向牧业过渡。在喇家遗址植物考古资料中，除了绝大多数浮选标本是粟和较少的黍之外，还发现许多种类的草本植物的草籽，浮选得到的草籽数量大大超过了黍，其中很多种类的草本植物很可能不只是杂草，而是种植的牧草，这足以说明当地的齐家文化人群从事粟作农业的同时，也从事 "草作农业"（叶茂林，2015）。

从地理与交通条件看，齐家文化人群活动的区域恰好处于东亚与中亚、

图 62　齐家文化绳纹粗陶鸮面罐（乐都县柳湾墓地出土，距今 4000 年）

西亚之间，是典型的东西文化交汇地带，也是东西方交通的纽带。齐家文化人群较早使用了青铜器，宗日遗址中出土的齐家文化的早期铜器总数在 10 件以上。据徐建炜等学者的分析化验，这些铜器实物为砷铜，是中国西北地区迄今所知年代最早的砷铜，而且也是在齐家文化铜器中的首次发现（徐建炜等，2010）。贵南尕马台出土的铜镜、沈那遗址出土的铜矛等足以说明，当时的人们与欧亚草原青铜文化早已有接触。著名考古学家安志敏先生最早提出齐家文化可能经史前时期的"丝绸之路"首先接触到铜器并影响到了龙山文化（安志敏，1993）。李水城先生将中国青铜文化分为东部青铜文化圈和西部青铜文化圈，以龙山—二里头文化、齐家文化为代表的东部青铜文化圈经历了从红铜到锡铜的冶炼发展过程，西部青铜文化圈则以四坝文化、天山北路文化为代表，经历了红铜—砷铜—锡铜的冶炼发展过程，他还认为西北地区冶金术的发展要早于中原地区，并通过甘青地区传播至中原（李水城，2005）。从宗日出土砷铜的情况看，青海齐家文化应当是东西青铜文化圈的中介。

　　一般认为，青海齐家文化处于父系氏族社会晚期，年代上处于我国传说时代与夏代前期，虽已进入铜石并用时代，但从整体文化内涵看，仍处于氏族部落阶段。不过，齐家文化人群虽然未进入早期国家阶段，但一些人群已然具有小政治实体的社会形态。尤其值得注意的是，青海齐家文化人群较普遍地使用了青铜制品，这意味着他们接触到了与文明时代息息相关的一些人类文化成就。

第二节　典型遗址与族属问题

一　典型遗址

（一）贵南尕马台遗址

贵南尕马台遗址地处共和盆地的黄河南岸，气候相对温暖湿润，不仅史前文化发达，而且曾是青海较重要的农业区，著名历史地理专家刘满先生认为此地是西羌的"大、小榆谷"（刘满，2005）。该地区曾发现拉乙亥中石器时代遗址，还发现了马家窑、齐家、卡约等文化类型，考古文化的连续性较强，我们曾建议把这一地区的考古学文化统一命名为"拉乙亥文化"（李健胜，2009）。尕马台及其周边还是丝绸之路青海道干线河南道中线的中继站之一，自两汉以来一直是不同政权的必争之地。

因修建龙羊峡水库，1977 年，考古工作者对库区展开文物普查和发掘工作，

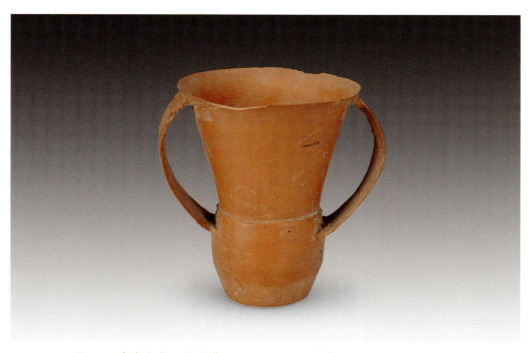

图 63　齐家文化双大耳罐（贵南县尕马台墓地出土，距今 4000 年）

尕马台遗址是重要的考古发现之一。尽管发掘工作开展得比较早，但考古报告直到 2016 年才出版，似乎拖沓的研究工作反而有利于认清尕马台遗址的文化面貌，因为宗日遗址的发现和宗日文化地理分布范围的确定，为研究尕马台遗址找到了较为可靠的文化坐标。

尕马台遗址的绝对年代为距今 5200—4100 年，与宗日文化基本相同。新石器时代的遗存中发现了泥质彩陶，其文化属性属于马家窑类型晚期向半山类型的过渡阶段，所发现的夹砂彩陶以白陶为主，施以单一的紫红色彩，属于宗日式陶器。

继马家窑文化人群之后，齐家文化人群迁徙至此，把早期人类居住地开辟为墓地。考古工作者在尕马台共发现齐家文化墓葬 44 座，陪葬陶器 25 件，陶质以泥质红陶为主，夹砂陶次之，泥质灰陶少见。素陶器类有双大耳罐 18 件，侈口小罐 1 件，盆 3 件，单耳盆 1 件，双耳盆 1 件。彩陶仅有 1 件，为双耳彩陶罐。

值得一提的是，尕马台齐家文化墓葬 M25 中发现了一件青铜镜，置于人骨架胸前，直径 9、厚约 0.25 厘米，中心纽座已残，正面镜边缘上钻有两个小孔，双孔上结系着一圆木，应为镜柄。这件镜铜的铜锡之比为 1∶0.0096，属青铜器，考古学界命名为七角星纹铜镜，是迄今为止我国发现的最早的一面铜镜。此外，还发现了铜镯、铜环、铜指环、铜泡等青铜制品（青海省文物考古研究所、北京大学考古文博学院，2016）。

（二）民和喇家遗址

喇家遗址所在的民和官厅盆地，海拔 1800 米左右，气候条件相对优越。2000 年 5—9 月，考古工作者在约 20 万平方米的范围内共清理房址 7 座，墓葬 2 座，灰坑 15 座，出土陶器、玉器、石器、骨器共 255 件。该遗址发现一处灾难遗迹，引起广泛关注，被称为"东方庞贝"。目前，学术界对喇家灾难遗址的成因、黄河异常洪水及其对下游地区的影响等展开了广泛讨论。

此次发掘共发现陶器 40 件，普遍采用手制，小型器用手直接捏塑成形，大型器采用泥条盘筑或对接成形，同时兼用慢轮修整技术。根据陶质分为泥质陶和夹砂陶两种，泥质陶以红陶为主，橙黄陶次之，灰陶较少。器类有高领双耳罐、敛口瓮、敛口罐、双耳罐、大双耳罐、大三耳罐、单耳杯、尊等，器表多经过打磨，略有光泽，以素面为主，个别器物有纹饰。纹饰有篮纹和弦纹两种，篮纹又以竖行为主。夹砂陶分为夹砂红陶和褐陶两种，夹砂红陶含砂量少且颗粒细小，器表亦经打磨，器类有带嘴罐、盆、杯、甑。夹砂褐陶以红褐陶为主，灰褐陶次之，器类有侈口罐、双耳罐、单耳罐。夹砂红陶有盛储器、饮食器、水器、炊煮器四种，夹砂褐陶均为炊煮器。器表纹饰大多为绳纹，个别饰篮纹或交错绳纹。纹饰拍印规整，且以竖行为主。夹砂陶器底除个别模糊不清晰外，大部分饰有席纹、篮纹和绳纹（任小燕等，2002）。

　　喇家遗址除发现祭祀小广场、干栏式建筑外，还有一些考古发现值得关注。喇家遗址出土了大量玉器，有玉璧、玉瑗、玉管、玉刀、玉斧和玉锛。其中，玉璧、玉管经过音乐声学测量，"显示这些玉器明显具有调音和不同音高的音响功能，有着比较好的音乐性能"（幸晓峰等，2009）。该遗址出土的一件青绿色玉刀，长41.2、宽6.5、厚0.8厘米，质地细腻，磨制精细（叶茂林、何克洲，2002），可能是象征部落首领权力的一件礼器。齐家文化玉器加工工艺包括切割、钻孔、琢磨、抛光等工艺，一些玉器经过精细加工，显示出当地玉器加工技术成熟、高超，也说明当地齐家文化人群是典型的用玉人群，属于华夏用玉文化圈。考古工作者在喇家遗址F20房址的东北部发现了倒扣在地上的一个陶碗，碗口直径14厘米，碗高6—6.3厘米。当陶碗被揭开时，陶碗和里面的泥土沉积物已经能够自然分离开，附着在地面上的碗内沉积物呈现圆台形，在圆台体的顶部发现有像面条一样的东西。经科学检测，该碗中类似于面条的材料可以肯定是由植物淀粉做成的，从淀粉大小特征上判断更接近粟、黍一类的淀粉。喇家遗址发现的"面条"是真实存在的罕见的古代食物遗存，对研究古代人类饮食文化体系具有重要意义（吕厚远等，2015）。

图 64　齐家文化双口提梁彩陶壶（民和县喇家遗址出土，距今 4000 年）

二　族属问题

　　齐家文化的族属问题既是一个考古学问题，也是一个民族史问题，弄清它的族属，对于研究齐家文化彩陶的艺术风格也有一定意义。

　　从民族学角度看，无论是距今 5800 年左右徙入河湟地区的仰韶文化庙底沟人群，还是当地土著，都是具有特定群体意义的原始人群，尚不具备民族特征。从马家窑文化至齐家文化的漫长发展过程中，具有族群特征的民族群体逐步形成，尤其是到了齐家文化后期，以"民族"这一概念解析当时的族群是完全可以成立的。一般都认为河湟地区早期民族是羌族，而齐家文化人群是不是羌族则是一个重要的学术问题。

　　有学者通过对羌人习俗的古今对比，并借助考古学材料，提出马家窑文化的居民并非羌人之祖先，而宗日文化才是先羌文化（闫璘、柳春城，2001）。结合前文可知，制造宗日式陶器的当地土著的确不同于外来的马家窑文化人群，在相对封闭的共和盆地，这支土著可能是羌族文化最早的源头。然而，把距今约 5200—4200 年的人群直接认定为羌人，是不恰当的。至于齐家文化人群是不是羌人，则要进行深入分析。

　　一般来说，齐家文化是马家窑文化后期类型的继续和发展，那么，从人群归属上讲，齐家文化人群应当是马家窑文化人群的后裔。齐家文化人群和后来的辛店文化人群在体质上亦表现出鲜明的亲缘关系。段小强先生从地域分布、考古学年代、地层叠压关系及文化特征等角度分析了马家窑文化与齐家文化的承袭关系，认为马家窑文化的发展去向即是齐家文化（段小强，2011）。乐都柳湾出土的半山、马厂、齐家三种不同类型人头骨分析表明，这些居民在体质上没有显著的差异，基本上属于相同的体质类型，这一结论证实了马家窑文化的确是齐家文化的上源。研究进一步证明，柳湾合并组的体质特征显示出明显的蒙古人种特征，柳湾组与商代安阳（1）组之间反映出接近关系，暗示甘青地区的上古居民与商代华北地区的古居民之间在体质上可能有较密切的关系（潘其风、韩康信，1984）。

　　如果单纯地从人头骨数据角度看，齐家文化人群与马家窑文化人群之间的确有着密切的亲缘关系，但是，如果结合其他材料，问题就没那么简单了。如前所述，齐家文化是从客省庄二期文化发展而来，齐家文化人群的分布是从东向西扩散的，也就是说，青海齐家文化人群是从甘肃地区迁入的，贵南尕马台新石器时代遗址废弃后，齐家文化人群迁徙至此，把早期遗址开辟为墓地且葬式复杂等现象足以说明马家窑文化与齐家文化之间也有考古学断裂。青海齐家文化可能既有外来移民的文化因素，也有马家窑晚期类型的文化成分。研究也表明，齐家文化和之后的辛店文化关系密切，却与卡约文化的关系较为疏远（李健胜、武刚，2014）。因此，把齐家文化视为土著民族羌人文化的直接上源可能不符合史实。

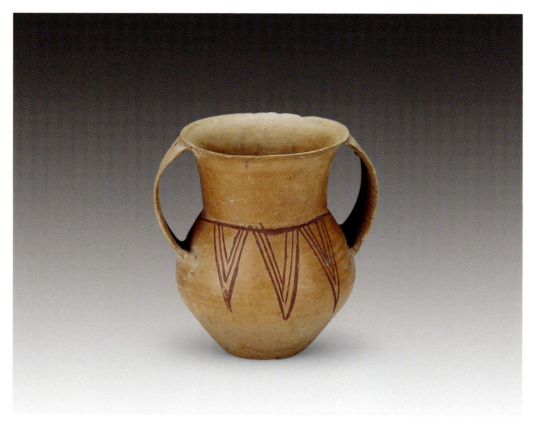

图 65   齐家文化双大耳彩陶罐（乐都县柳湾墓地出土，距今 4000 年）

要弄清齐家文化的族属问题，首先要了解客省庄二期文化的性质，还要分清齐家文化和作为典型西羌文化的卡约文化之间的关系。客省庄二期文化在文化属性上与东部的龙山文化有较大差异，自渭水上游一带向西传播过程中，呈现出鲜明的区域特征，且它并不具备同期中原考古学文化的典型特征。齐家文化与卡约文化之间也有鲜明的考古学断裂，在生产方式、生活习俗等方面都存在很大差异（李健胜、武刚，2014）。从客省庄二期文化在东部地区的分布看，它恰好与东羌的分布相重合，客省庄二期典型的考古遗存也能反映出与先周文化的疏离关系（梁星彭，1994），却表现出与草原文化较为亲密的关系。我们认为由客省庄二期文化发展而来的齐家文化应当是东羌民族的文化创造，随着东羌的西迁，结合地方因素的齐家文化在青海兴起，并取代了半山、马厂类型，成为当时青海地区的主流考古文化。总之，齐家文化的族属与东羌关系密切，它和当地土著西羌的文化有一定关联，但二者显然不是同源关系。

第三节　陶器风格

齐家文化陶器多为素面陶，彩陶数量较少，但其艺术风格也颇具特色。本节从总体风格和风格的成因两个方面解析齐家文化彩陶艺术。

一　总体风格

齐家文化陶器以平底器为主，圈足器次之，还有少量三足器。常见器形有双大耳罐、双耳罐、高领双耳罐、腹部饰有绳纹的侈口罐、粗陶瓮等。陶器主要分三类：一是表面经过磨光的红色或橙黄色细泥陶，这是齐家文化的主要陶系；二是表面粗糙饰有绳纹的夹砂粗陶，呈灰色或黑灰色，多为罐类；三是介于前两者之间的蓖纹类陶器。从制作技艺看，齐家文化陶器的制作手法仍为手制，用泥条盘筑法加模制而成（石陶，1961），且已使用慢轮技术，乐都柳湾出土的双大耳陶罐和双耳彩陶罐的器壁上都留有清晰的轮旋痕迹（青海省文物管理处考古队、中国社会科学院考古研究所，1984）。

因贵南尕马台遗址的发掘属于水库修建前的抢救性考古工作，作业面不是很大，所以发掘的齐家文化遗存有限。考古工作者只发现 1 件齐家文化时期的彩陶，即在 M25 中出土的泥质双耳彩陶罐。这件彩陶罐颈置双耳，圆鼓腹，平底。耳部刻镂空纹饰，器表饰黑彩，由菱形网格纹、菱形纹、圆点纹、直线纹组成。口径 7.6、腹径 9.8、底径 5.7、通高 9.2 厘米。值得关注的是，M25 位于 T47 与 T46 中，是一个竖穴土坑墓，平面呈长方形，直壁，埋葬着一位男性，俯身直肢葬。这个墓葬随葬品最为丰富，头骨前放有生活用具 2 件，彩陶罐放置在粗陶盆内，装饰品有海贝 11 枚、骨珠 583 枚、绿松石 16 枚。此外，还有铜镜、铜泡随葬（青海省文物考古研究所、北京大学考古文博学院，2016）。可见，这位墓主人生前地位颇高，可能是当地齐家文化人群的首领，而以仅见的彩陶随葬，足以说明当时彩陶仍在一定程度上发挥着礼器的作用，彩陶本身也十分珍贵。

图 66　齐家文化双耳彩陶罐
（乐都县柳湾墓地出土，距今 4000 年）

　　乐都柳湾发掘的 360 座齐家文化墓葬中共出土陶器 1618 件，陶器的一个突出特点是口颈部或腹部置一对称的环形耳或弧形大耳，颈部比较发达，肩腹间有明显的分界。在 M392、M865、M990、M972、M1061 五座墓出土的完整陶器中，彩绘陶器只有 4 件，占 6%。柳湾齐家文化彩绘仅施于彩陶壶、陶盆和双耳彩陶罐三种器物上，彩绘花纹是在入窑前绘的，触水不脱，纹样以几何形图案为主，有少数象征动植物的纹样，既有红彩也有黑彩。纹样有平行条纹、波折纹、人字纹、菱格纹、三角纹、叶脉纹、蝶形纹、蛙肢纹、锯齿纹和方格纹等 12 种。平行条纹是比较常见的一种花纹，常见于彩陶壶和双耳彩陶罐的肩腹部，波折纹与菱形纹皆见于双耳彩陶罐的肩腹部，圆圈纹与蛙爪纹仅见于彩陶壶的肩腹部，人字纹见于彩陶壶的肩腹部或双耳彩陶罐的颈部，三角纹与方块纹皆见于双耳彩陶罐的腹上部，叶脉纹仅 1 例，见于彩陶壶的肩腹部，别具一格的蝶形纹仅见于双耳彩陶罐（青海省文物管理处考古队、中国社会科学院考古所，1984）。

　　喇家遗址出土的绘有纹饰的陶器相对较多。出土的 10 件高领双耳罐都是泥质红陶。其中 9 件器形高大，宽沿，敞口，鼓肩，肩腹处折棱明显，下腹斜收为平底，折棱下置环形双耳，肩部磨光，腹部饰竖篮纹；1 件器形低矮，口沿微残，溜肩，折腹，平底，折腹下部置双耳，肩部磨光，腹饰方格纹。出土了 8 件双耳罐。其中，泥质双耳罐皆为存储器，夹砂陶则为炊煮器，器表饰篮纹或绳纹。出土单耳罐 1 件，系夹砂红褐陶，直口，圆鼓腹，大平底，一侧置环形单耳，耳部上端有齿形刻纹，口沿外饰绳索状附加堆纹。出土侈口罐 5 件，陶质分夹砂红褐陶和灰褐陶两种，一般为侈口，平底。其中，1 件彩陶侈口罐，器形整体矮胖，腹饰篮纹，另外 4 件器形瘦高，个别器口部饰一周附加堆纹，器表颈以下均有篮纹、绳纹和交错绳纹，排列规整，多为竖行，底部饰席纹或篮纹或交错绳纹，多模糊不清。出土敛口罐 1 件，系泥质灰陶，敛口，折肩，下腹斜直，凹底，肩部饰 10 道弦纹，下腹饰斜行篮纹。出土 2 件带流罐，系夹砂红陶，大敛口，平底，器口外一侧置管状流，口部置双耳，颈部略有差异，其中一件口沿饰两周戳印纹，腹饰绳纹，器底亦饰绳纹，另一件口沿外饰一周刻划纹，耳部上端亦饰刻划纹，腹饰绳纹。出土 2 件敛口瓮，内敛口，平底，口部均配有器盖。其中，一件器形矮胖，系泥质红陶，鼓肩，圆腹，下腹部饰绳纹，底部亦有绳纹，另一件器形瘦高，系泥质灰陶斜肩，肩腹间折棱明显，折腹处置双纽，肩部磨光，腹饰竖行篮纹。出土盆 1 件，系夹砂红陶，圆形不规整，平沿，大敞口，斜直腹，平底，盆外壁饰篮纹，器底中部亦有篮纹痕迹。出土甑 1 件，系夹砂红陶，广口，斜深腹，平底，仅口沿外贴附一周宽带附加堆纹（任小燕等，2002）。

图 67 齐家文化双口提梁彩陶壶（民和县喇家遗址出土，距今 4000 年）

从上述典型遗址中少量齐家文化彩陶的基本信息看，与马家窑文化彩陶的繁盛相比，齐家文化彩陶显然是彩陶文化衰落期的产物，在大量素面陶的世界里，甚少见到器形规整、纹饰多样的齐家文化彩陶，这或许与它承接的是龙山文化及其艺术风格有很大关系。不过，齐家文化彩陶简约疏朗的彩绘风格，以实用的双耳彩陶罐为典型器，突出表现了东羌文化人群兼采农、牧业文化特长的生活智慧，反映了当时人们独有的审美意识。

二　风格的成因

关于齐家文化彩陶艺术风格的成因，学术界也有关注。比如，有学者认为与马家窑文化相比，齐家文化陶器总体上制作粗糙、器形单一，尤其是彩陶不甚发达，而素陶兴盛，这可能是对繁缛风格的反拨，更是对审美妨碍实用的反拨（朱志荣、徐云敏，2007）。这一观点成立的前提是，马家窑文化后期类型与齐家文化的生成与发展是一脉相承的。研究表明，青海地区的齐家文化的确是半山、马厂类型的继续，人头骨数据也说明齐家文化人群与马家窑文化人群之间关系亲密。从这些角度看，齐家文化的确是马家窑文化的继续，当彩陶发展到一定程度，以追求实用的审美取向取代繁缛风格也是讲得通的。然而，从泾、渭上游发源并向西迁徙的齐家文化人群虽然在人种上与马家窑文化人群大体一致，但是其文化风格显然与后者不同，而与龙山文化之间有着亲密的文化关联。所以，仅从彩陶文化变迁角度分析齐家文化艺术风格的成因是不够的。

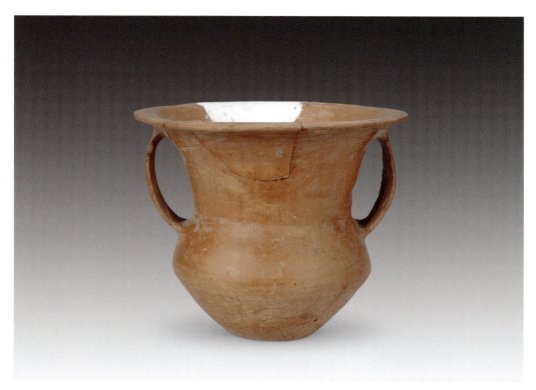

图 68　齐家文化双耳陶尊（乐都县柳湾墓地出土，距今 4000 年）

　　有学者注意到齐家文化自东向西传播过程中，其彩陶艺术发生变化的内在原因与外来人群和土著文化之间的复杂关系有关。从齐家文化彩陶的发展趋势看，河湟地区晚于洮河流域，而洮河流域又晚于泾河、渭河上游，河西地区的齐家文化彩陶则年代最晚。受半山、马厂彩陶的影响，河湟地区齐家文化彩陶的纹饰相对复杂，器形也多样，彩陶上的网纹、三角纹、斜纹、连贝纹等，应当是半山、马厂类型单一网纹、折线纹等的延续，纹样简约疏朗，线条简单流畅，颇具独特美感，与泾、渭上游齐家文化彩陶纹饰简约，以红色单彩和双大耳罐为自身特点的艺术风格有一定差异。这说明，河湟地区齐家文化彩陶既保持了齐家文化自身的一些特点，又受到当地彩陶文化影响，从而形成独特的艺术风格（张卉，2015）。

　　除上述成因外，齐家文化彩陶数量少、制作相对粗糙的原因，可能是和不同人群之间的竞争关系、气候变化、生产方式的变化、陶器的普及、草原文化因素的增加等有关。自马家窑文化马家窑类型彩陶在河湟地区生成以来，不同人群的徙入导致的人群间剧烈的生存竞争，应当是彩陶文化发生转折或巨变的主因。从考古发现看，由于河湟地区土著文化的积淀不太深厚，外来移民的力量在某一特定时期可能比较强大，因此，当半山类型、齐家文化人群徙入河湟后，他们往往能取代当地马家窑类型或土著文化，这种现象表现在彩陶上，即是新移民的文化审美取代之前的彩陶艺术风格。和半山类型中锯齿纹样取代马家窑类型的线性对称艺术一样，齐家文化的素面红陶和实用的大双耳罐取代了半山、马厂类型的彩陶艺术风格。

气候因素也是艺术风格发生转变的重要原因。距今 4000 年左右，甘青地区气候变化剧烈，河谷地带频发的洪水灾害可能是造成齐家文化人群大规模流动的重要原因，齐家文化的陶工无法在固定场所持续烧制陶器，而烧制彩陶需要有复杂的程序，这可能是齐家文化彩陶数量急剧衰减的重要原因（张卉，2015）。

东羌本为半农半牧的人群，他们在西徙过程中，既遵循了原有生活方式，又受到气候条件影响，由粗放的原始农业进一步变成放牧马牛羊的游牧人群（徐中舒，2008）。生产方式的变化引起生活器具的变化是说得通的，比如，齐家文化陶器中最为流行的双大耳红陶罐，一般用作储存器，最有可能是盛水用的。双耳主要是方便手持，如果双耳做得细小，不利于手握施力，而双大耳则可以

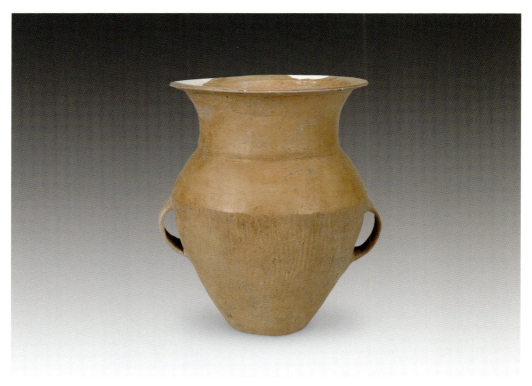

图 69　齐家文化高领折肩篮纹壶（民和县喇家遗址出土，距今 4000 年）

方便人们手持。为方便流动性生活，齐家文化的陶器器形一般都比较小，夹砂陶的增多也是为了方便使用和搬动，尤其是双肩耳圜底彩陶罐的增多，就是为了适应半农半牧的生活中人口频繁流动的状况。

此外，还须注意到，齐家文化彩陶艺术简约、疏朗化的原因和陶器制作技艺的普及、草原文化因素的增加、青铜器的使用等有关。当陶器制作技术普及到一定程度后，制作适宜于生活的陶器成为陶工的目标，在草原文化因素的影响下，用精美的陶器表达礼乐的观念意识进一步淡薄，青铜器的出现使彩陶体现审美的需求进一步下降。这些都是齐家文化彩陶风格的成因，也是它总体上走向衰落的原因。

第四章　辛店、卡约文化彩陶

辛店文化因 1924 年在今甘肃临洮辛店首次发现而得名，卡约文化因 1923 年在今青海湟中李家山卡约村首次发现而得名，二者都是甘青地区著名的青铜时代考古文化。辛店、卡约文化彩陶是青海彩陶的重要组成部分。

第一节　辛店文化彩陶

一　分　布

1956 年，考古工作者在刘家峡库区永靖张家咀和吴家等地发现辛店文化层叠压在齐家文化层的上面，这证明辛店文化晚于齐家文化（安志敏，1956）。同年，在东乡县唐汪川山神遗址发现了一批器形纹饰较为独特的陶器，因不同于以往发现的辛店文化陶器，被命名为"唐汪式陶器"（安志敏，1957）。有学者认为"唐汪式陶器"在分布上与张家咀类型相同，不宜单独划为一种文化类型（张学正等，1993），有学者认为"唐汪式陶器"是卡约文化遗存（南玉泉，1989），还有学者认为自东向西发展的辛店文化与自西向东发展的卡约文化碰撞融会，形成了具有双重文化特色的"唐汪式陶器"（高东陆，1993）。

1959—1960 年，中国科学院考古研究所分别对甘肃永靖莲花台、姬家川遗址进行发掘。1972 年，在宝鸡渭水南岸石嘴头、晁峪两地发现了辛店文化陶器，器形包括双耳罐、单耳罐、陶鬲等，其陶质、器形、纹饰与甘肃永靖姬家川辛店文化陶器类似（刘宝爱，1985）。1973—1981 年，考古工作者在大通上孙家寨进行了历时 8 年的考古发掘工作，发掘了马家窑文化至汉晋时代的大量墓葬。其中，共发掘辛店文化墓葬 12 座，墓室形制有竖穴土坑和竖穴偏洞墓两种结构，竖穴偏洞墓在洞口处一般都有横放的木板做封门。葬式有二次扰乱葬、俯身葬，随葬品以陶器为主，器形有双大耳罐、腹耳壶、盆、鬲等。1979 年 6—10 月、1980 年 4 月，考古工作者在互助沙塘川总寨发掘了一批马厂、齐家、辛店墓葬，其中 M32 辛店墓葬中有随葬陶器 3 件，分别为双大耳罐、双腹耳罐、双颈耳罐

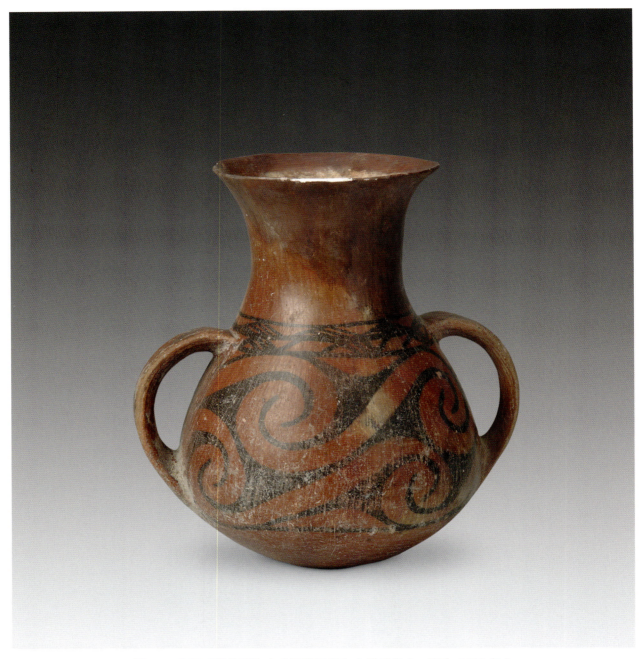

图 70　唐汪式涡纹彩陶壶（互助县张卡山遗址出土，距今 3200 年）

（许新国，1986）。1978—1980 年，青海省文物工作队在民和县核桃庄小旱地遗址和山家头遗址进行考古发掘，获得大量辛店文化墓葬资料（青海省文物考古研究所等，2004）。2005 年，民和喇家遗址发现 6 座辛店文化墓葬，清理 5 座，出土双耳罐 6 件（何克洲，2015），也有学者认为这 5 座墓葬属于卡约文化（任瑞波，2017）。

图 71　辛店文化双勾纹彩陶壶（青海省博物馆藏品，距今 3200 年）

　　经过六十多年的探索，考古学界基本揭示出辛店文化的面貌。辛店文化是齐家文化经山家头、姬家川、张家咀三个阶段发展起来的，是黄河上游地区著名的青铜文化，主要分布于黄河上游沿岸及其支流洮河、大夏河、湟水及渭河上游区地。最早的山家头类型彩陶较少，主要分布于黄河、洮河、湟水的交汇地带，向东可达渭河中上游；第二阶段为姬家川类型，即典型的辛店遗存，彩陶比例增大，主要分布于洮河、湟水以及黄河沿岸，分布面偏西；第三阶段为张家咀类型，包括唐汪式陶器，分布区域更为偏西，已达湟水中上游一带，彩陶纹饰更为多样化。青海地区发现的辛店文化遗址主要有大通上孙家寨、乐都柳湾、民和核桃庄等。

　　根据碳 -14 年代数据，乐都柳湾 M392 的 HC 测定年代为距今 3865±155 年（经树轮校正），大通上孙家寨辛店文化晚期张家咀类型椁木碳 -14 测定年代为前 990±90 年（北京大学历史系考古专业碳十四实验室，1978），结合其他年代数据可知，姬家川期遗存存在的时间约为距今 3400—3100 年，张家咀期遗存存在的时间约为距今 3100—2800 年，而山家头期遗存存在的时间至迟不晚于距今 3400 年。辛店文化距今约 3400—2800 年，时间上从夏代晚期一直延续到西周晚期（水涛，2001）。

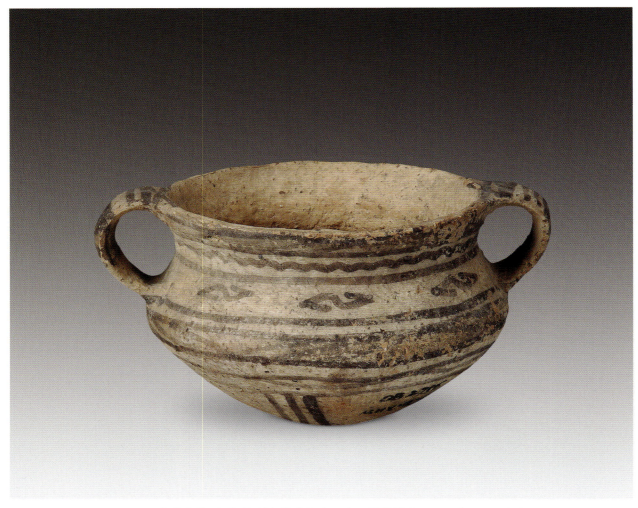

图 72　辛店文化"S"纹彩陶罐（民和县小旱地墓地出土，距今 3200 年）

二　典型遗址

（一）乐都柳湾

乐都柳湾发现了 5 座辛店文化时期的墓葬，分别为 M1189、M1196、M1198、M1244 和 M1248。除 M1244 外，其余都分布在墓地北部的山顶上，与最低处的墓地大约有 70 米的距离。1977 年，考古工作者对这 5 座墓进行了发掘。

图 73　辛店文化彩陶靴（乐都县柳湾墓地出土，距今 3200 年）

这 5 座墓为圆形或椭圆形竖穴土坑墓，墓坑一般较浅，距地表约 0.5—1 米，墓坑壁平直，墓底平整，直径在 1.1—1.75 米左右，不见木制葬具痕迹，人骨架上也无覆盖物。葬式有仰身直肢葬和二次葬两种，不见合葬墓。其中，仰身直肢葬墓 1 座，为圆形竖穴土坑墓，人骨架保存较好，头西北脚东南，仰身平卧，两手垂直。随葬品很少，仅双耳陶罐 1 件。二次葬墓共 4 座，人骨架经过挪动，躯体多残缺不全。其中 M1196 随葬品较丰富，有陶壶 2 件，陶罐 3 件，均整齐排列在墓底一侧。此外，4 座墓葬中出土打制石器 5 件（青海省文物管理处考古队、中国社会科学院考古研究所，1984）。

乐都柳湾辛店墓葬的发掘量虽然较少，但它对于揭示辛店文化的分布、辛店文化与齐家文化之间的关系等问题具有重要考古学意义。

（二）民和核桃庄

　　民和核桃庄的考古发现可追溯至 1923 年安特生在此地的考察，1948 年，裴文中先生也关注过这一地区。1978 年，青海省文物考古队和民和县文化馆联合发掘小旱地墓地，3 年时间内清理墓葬 367 座，出土陶器 500 余件，铜、石、骨等器具 2690 余件。

图 74　辛店文化鸟纹彩陶壶（民和县小旱地墓地出土，距今 3200 年）

　　小旱地墓地位于核桃庄村东的一个台地上，高出村庄约 30 米。发现的墓葬平面形状大致分为圆角长方形、长方形、椭圆形和不规则形 4 种。墓葬结构分为竖穴土坑墓和偏洞墓 2 种，前者共计 342 座，占 93%，后者 25 座，占 7%。竖穴土坑墓中有一部分分别附有头龛、足龛、头坑和足坑。偏洞墓是先挖一竖穴，然后向侧壁掏一偏洞，洞顶呈弧形，底多数与竖穴持平或稍有高低，尸骨和随葬品都放在偏洞内。小旱地墓的墓室长度一般为 180—230 厘米，绝大多数墓为北偏东。在 342 座竖穴土坑墓中 102 座用了葬具，一般是长条形木板拼围成四壁，四角用穿榫法接合，考古报告撰写者称之为"木棺"，有些墓使用了双层木板，内层为棺，外层为椁。小旱地墓的葬式颇为复杂，共有 7 种葬式：有人骨基本完整的墓葬，包括仰身直肢、侧身屈肢和其他葬式；有缺头骨或只缺颅骨的墓葬，包括仰身直肢、侧身屈肢葬；有下肢骨或膝部以下骨骼完好、上部骨架散乱的墓葬；有骨骼全部散乱的墓葬；还有无人骨墓葬等。

图 75　辛店文化太阳纹彩陶罐（民和县小旱地墓地出土，距今 3200 年）

　　小旱地墓地共出土 562 件陶器，另外 31 座墓出土了陶片，共出土瓮 173 件、罐 251 件，盆 115 件，杯 22 件，鬲 1 件。出土铜器 131 件，其中铜泡 40 枚，铜铃 7 件，铜饰 83 件，铜珠 1 粒。出土的石器包括石串珠、石刀、砺石、绿松石饰、坠石、研磨器等。出土的骨器约 1000 件，既有生产工具，也有生活用具，也有较多的装饰品。

　　值得一提的是，1980 年 5—7 月，青海省文物管理处考古队在发掘小旱地墓地的同时，清理了 33 座山家头墓地，均为竖穴土坑墓，出土随葬陶器 69 件，以夹砂红褐陶为主，泥质红陶和夹砂黑陶次之。泥制大双耳红陶罐、绳纹无耳平底罐、钵等都是齐家文化的常见器物，说明山家头类型晚于齐家文化，但与之有亲密的文化关联，也说明山家头类型是姬家川类型的来源（青海省文物管理处，1992），这对于确定辛店文化由山家头期经姬家川期发展到张家嘴期的序列具有重大考古学价值。

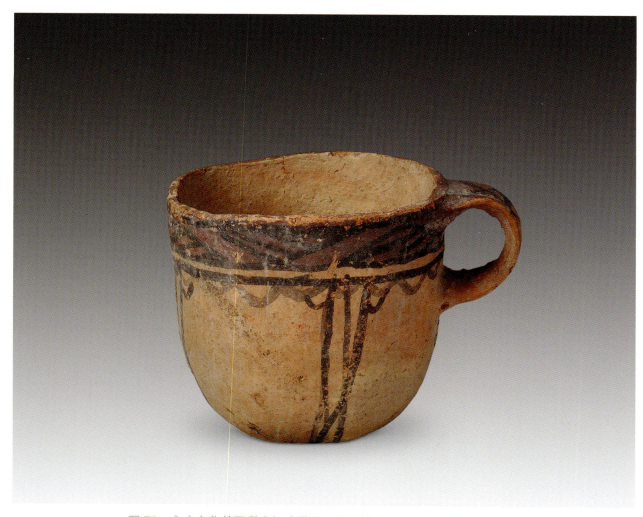

图 76　辛店文化单耳彩陶杯（民和县小旱地墓地出土，距今 3200 年）

民和核桃庄小旱地墓葬区的发掘说明，这一墓地的布局特点是由时间延续决定的，表现出辛店文化在甘青地区的一般性与特殊性，瓮、罐、盆的陶器组合也反映了辛店文化的一些特点，这对于认清辛店文化具有重要考古学价值（青海省文物考古研究所等，2004）。

三　族属问题

学术界对辛店文化上承齐家文化而来基本持一致观点，认为它是自齐家文化经山家头类型发展而来的。大约距今 4000 年左右，在西北考古学文化中发生的"突变"过程中，从泾河、渭河上游迁徙至河湟地区的齐家文化人群可能遭遇了剧烈的气候变化，河谷地区因洪水灾害不适合人类居住，半农半牧的齐家文化人群可能因无法在农耕区生存，只好迁徙至高地草原上，只有个别人群仍沿袭原有的生产生活方式，并孕育出新的考古学文化。除上述民和山家头类型发现了与齐家文化的亲密关系外，甘肃广河齐家坪墓地出土的双耳圆腹圜底彩陶罐与齐家文化器形存在共生现象，临夏枹罕瓦窑头、甘肃榆中等地的发现也有类似的情况（水涛，2001）。因此，可以肯定的是，在那个因气候因素致使考古学文化发生"突变"的时期，也有个别地方得益于较小范围内相对适宜的气候条件，保持了族群文化的连续发展。

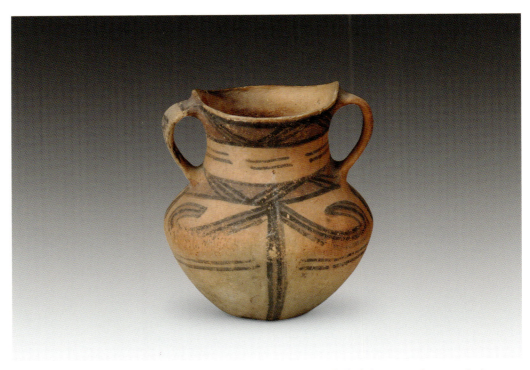

图 77　辛店文化双勾纹鞍形口彩陶罐（民和县小旱地墓地出土，距今 3200 年）

　　辛店文化人群的分布没有齐家文化广泛，但其发展迁徙的方向与齐家文化是一致的。辛店文化人群以洮河、大夏河为活动中心，较早到达湟水下游一带。大概是山家头类型人群在向周边迁徙的过程中，逐步创造出辛店文化的其他类型，从中可以看出，辛店文化人群的迁徙路线是自东向西的。比如，青海民和一带的辛店人群可能从湟水下游向上游迁徙，使这一文化在湟水中游一带也有分布。总之，辛店文化人群的迁徙方向及人群活动轨迹与齐家文化人群是一脉相承的。

　　从生产生活方式看，辛店人群过着农牧兼营的生活，且总体上向牧业靠拢，这也与齐家文化人群生产生活方式的最后归宿有一致之处。在河湟气候变干变冷的大背景下，可能湟水中游以西的辛店人群更倚重畜牧业。从辛店陶器上的羊纹、犬纹等看，家畜在他们的生活中扮演着重要角色。

图 78　辛店文化三角弦纹筒状杯（青海省博物馆藏品，距今 3200 年）

此外，据人头骨数据分析，辛店文化人群与齐家文化人群及当地土著马厂类型人群的人头骨数据十分接近。上述信息综合到一起，有理由相信辛店文化人群是齐家文化人群的后裔，青海的辛店文化人群可能还受到过马厂类型土著人群文化的影响，但在总体上，他们属于东羌族群。渭水上游一带的辛店文化可能和先周文化之间有一定关联，但是，随着辛店文化人群的向西迁徙，与后者的关系越发淡薄，所以它既不是先周文化的源头，也未对姜戎文化产生过深刻影响（张学正等，1993）。

图 79　辛店文化三角纹尖耳罐（民和县小旱地墓地出土，距今 3200 年）

四　陶器风格

山家头类型的陶器主要包括双耳罐、双大耳罐、高领圆腹双耳罐、高领折腹双耳罐、腹耳壶、双横耳钵、双提耳钵等，均为圜底。壶罐类器形均为圆鼓腹，直口，直颈，口沿外多饰附加堆纹泥条花边，钵类器形均为敛口、深腹。彩陶为单一黑彩或黑褐彩，以罐类器居多，构图纹样为连续三角纹、网格纹等。无论是典型器形，还是彩陶纹样，皆继承了齐家文化的陶器风格。

图 80　唐汪式涡纹彩陶鼎（互助县张卡山遗址出土，距今 3200 年）

　　姬家川类型陶器多为夹砂红褐陶，器形一般底部微内凹，是该类陶器的典型特征，彩陶比例明显高于山家头类型，多数彩陶先通体饰绳纹，在颈、肩、腹上部等部位抹光再涂彩。典型器形包括双耳罐、单耳罐、腹耳盘、大口罐、乳状袋足分裆鬲等。彩陶一般为单一黑彩，也见有少数黑褐彩，有的器形涂有棕红、白色、浅橙色陶衣。彩陶纹样主要为连续三角纹、对三角纹、双勾纹、连续回纹、宽带纹、横向或竖向双线条带纹等。

　　张家咀类型陶器仍以夹砂红褐陶为主，器类基本同于姬家川类遗存，有豆、鼎等类器形。彩陶比例进一步增大，一般多见复彩风格，即同时使用两种彩绘颜料进行构图。构图纹样除有变形双勾纹、对三角纹、横向或竖向双线或三线条带纹外，大量出现曲线纹样，如变形鸟纹、变形"勿"字形纹、变形"S"形纹、涡纹等，空白处常用太阳纹、变形鸟纹等补白。此外，"唐汪式"陶器的完整器形多为彩陶，一般通体涂红陶衣，黑彩构图，纹样多为涡纹，器类有双大耳罐、双耳罐、腹耳壶、圆腹罐、单耳罐、豆等（张学正等，1993）。

图 81　辛店文化鹿纹彩陶瓮（乐都县双二东坪遗址出土，距今 3200 年）

乐都柳湾辛店时期的陶器皆为夹砂红褐陶，有的陶器表面施一层白陶衣，皆为日常用具，制陶方法为手制，多采用泥条盘筑法，造型特点是底部呈圜底或小平底，常见器形为小口高领陶壶和侈口双耳陶罐，腹部浑圆，器形高大。陶器纹饰主要是绳纹和附加堆纹，绳纹细密，排列整齐，附加堆纹多饰于肩部和耳把上，也有饰在陶器口外侧，做成锯齿状花边（青海省文物管理处考古队、中国社会科学院考古所，1984）。

民和核桃庄小旱地辛店文化墓葬出土的陶器多为夹砂橙红陶，乳黄色陶皮，施黑色单彩或红、黑色复彩，双耳、凹圜底。均为手制，陶土未经过淘洗，夹杂物粗细不均。大型器一般是分段盘筑、对接成器，小型器物则是分段捏塑、对接成器。坯胎对接成器后，为使其更坚固、更美观，进行拍打、打磨、挂皮三道修整工序，使陶器挂上一层乳黄色陶皮。所施彩绘分单彩和复彩，单彩是用单一黑彩直接在陶器上绘制花纹，复彩则是先用紫红色彩描出 2 道或 3 道宽带，再在彩带上用黑彩绘制花纹。少量彩陶施有紫红陶衣，或以黑彩绘制花纹。纹饰包括几何纹、双勾纹、鸟纹和变体鸟纹、横 "S" 纹等，最为典型的纹饰为近似一对羊角的双勾纹（青海省文物考古研究所等，2004）

图 82 辛店文化双勾纹彩陶壶（青海省博物馆藏品，距今 3200 年）

总的来看,辛店文化彩陶风格与齐家文化彩陶相对接近,一部分彩陶以简洁、疏朗、明快的纹饰表达了辛店文化人群的审美特点,还有一部分彩陶纹饰可能袭自河湟早期彩陶艺术,具有繁缛、绚丽的艺术风格。最能体现辛店文化艺术风格的鹿纹、鸟纹罐等,反映了辛店文化人群从事游牧活动的生活场景。

图 83　唐汪涡纹筒状杯（大通县上孙家寨墓地出土，距今 3200 年）

第二节　卡约文化彩陶

卡约文化的年代在距今 3600—1800 年之间,从夏末商初一直延续至汉代末年。卡约文化一般分为卡约、上孙（阿哈特拉）、大华中庄三个阶段（高东陆,1993）。

一　分　布

起初,学界认为卡约文化是河湟地区一种典型的土著文化,随着考古发掘工作的推进,发现卡约文化分布于东起甘肃永靖以西的黄河沿岸,西至青海湖西岸到柴达木盆地的东北边缘，北起祁连山南麓，南至果洛藏族自治州玛沁县的黄河沿岸，其遗存除集中分布于黄河及其支流的河谷地带外，还分布于草原的湖滨和高山丘陵地区，最高处海拔 3000—3500 多米，如海晏的约洛石崖、湟源的大小方台、平安的洪水泉、同仁的阿吾乎等遗址都在海拔 3000 多米以上的高山上，这说明卡约文化遗存的分布不限于黄土地带，在红土、腐质黑色土地带，以及一些发育不好的夹砂石土层较薄处也有发现（高东陆，1993）。在"三普"调查中登记的卡约文化遗存共计 1877 处，已发掘墓葬 2000 多座，是青海古文化遗存中发现数量最多、分布范围最广且延续时间最长的考古学文化。当前，考古学研究证实，卡约文化与石棺葬文化圈呈共生关系，这说明卡约文化几乎遍及整个青海。

图 84　卡约文化红彩四耳大陶罐（青海省博物馆藏品，距今 3200 年）

已发掘的卡约文化遗址主要有湟中李家山、循化阿哈特拉、贵德山坪台、湟源莫布拉、湟源大华中庄、贵南加土乎、化隆上下半主哇、互助丰台、大通上孙家寨、民和官亭等。这些遗址反映出卡约文化存在三种不同的经济类型：一种是以农业经济为主兼牧猎，一种是农业经济和畜牧经济并重兼渔猎，一种是以畜牧经济为主兼狩猎。第三种经济类型被认为是卡约文化的主体经济类型

（王杰，1991）。卡约文化人群生产方式总体上从原始农业向畜牧经济转型，是适应气候变化的结果，同时也与自然地理条件有一定关联。在湟水谷地，西宁以东的卡约人群主要从事农业生产，以西的人群则主要从事畜牧业，不过，大麦的引种使得农业生产活动的适宜范围得以扩大。在互助丰台，考古工作者发现当地的卡约人以种植耐寒作物大麦为主（中国社会科学院考古研究所、青海省文物考古研究所，2004）。台湾著名学者王明珂对汉代羌人的生活做过描述："汉代河湟主要羌人部落都是兼营农业的游牧人群。他们在春天出冬场（游牧社会人畜过冬的地方）后，先到河谷种下麦子，然后往山中移动，展开一年的游牧。秋季回来收割后，再回到冬场。"（王明珂，2006）事实上，大部分卡约文化人群应当过着半农半牧的生活，血亲氏族中的一部分人在河谷地带从事农业生产，一部分则在邻近的牧场放牧，农牧并举，资以为生。

二　典型遗址

（一）循化阿哈特拉山墓地

1980 年 4 月，青海省文物考古队在循化街子公社托隆都村南端的阿哈特拉山发现了一处青铜时代的墓地，清理了 217 座墓葬，出土文物万件以上。考古工作者确认该遗址为卡约文化时代的墓地。

图 85　卡约文化大角盘羊纹彩陶罐（循化县阿哈特拉墓地出土，距今 3200 年）

　　这处墓地的葬式为圆角长方形竖穴墓，均有木棺葬具，木棺采用榫卯结构，轮廓清晰，保存完好。棺为1—4块木板拼接而成，随葬品丰富的墓葬均有棺盖板和底板，墓葬一般都具有熟土二层台，台面略与棺板等高，在二层台上放置羊角、卵石和葬品，一般长2.6、宽1.4、深1.5米左右，大部分随葬陶器置放在骨架脚部，墓室方向均为南北向。

　　阿哈特拉山卡约文化墓地的葬式较为复杂，有仰身直肢葬、二次葬、迁葬等，有男性合葬、女性合葬、男女合葬、母子合葬等，有的墓葬中身首异处，骨架不全。在殉葬墓中，殉葬人头和随葬品置于二层台熟土上，有的人骨架则屈肢置于男主人脚部。殉葬墓往往随葬品丰富，在棺板和二层台上置放大量羊角作为财富的象征。随葬的陶器中既有夹砂粗红陶、夹细砂陶和灰陶，也有相当数量的彩陶。

　　阿哈特拉山卡约文化墓地的发掘对于认清卡约文化的来源、特点等具有很大的考古学价值。许新国先生认为，阿哈特拉山墓地出土的陶器能够反映出卡约文化是由齐家文化发展而来的（许新国，1983），它也代表了黄河流域卡约文化的一大类型（许新国，2006）。

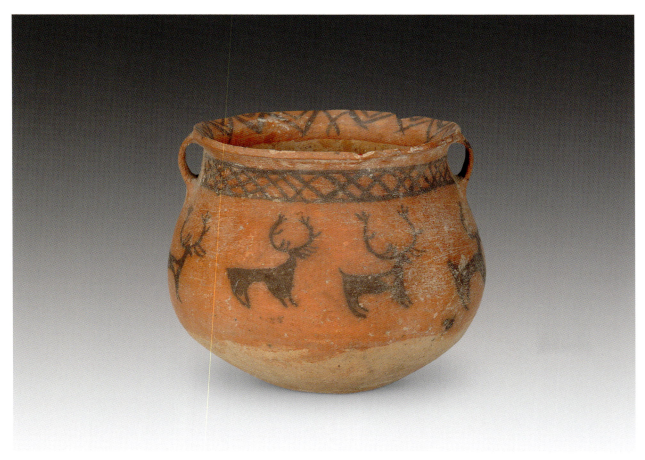

图86　卡约文化鹿纹彩陶罐（循化县阿哈特拉遗址出土，距今3200年）

（二）贵德山坪台墓地

贵德山坪台卡约文化墓地位于青海省海南藏族自治州贵德县境的乱泉河汇入黄河的三角地带，东距河西乡下刘屯村约1.5公里，台地西南靠山，北临黄河，东南为乱泉河。1981年10—12月，青海省文化厅文物处和海南藏族自治州群众艺术馆在此发掘，共清理墓葬90座，出土文物共计629件。

山坪台卡约文化墓地的墓葬分为土坑墓和瓮棺葬两类。土坑墓依平面形状又可分为长方形和椭圆形两种。90座墓中，长方形土坑墓55座，其中两座带有龛洞，椭圆形土坑墓3座，瓮棺葬墓30座，另2座形制不清。土坑墓一般长1.8—2、宽0.5—0.8、深0.3—0.7米，大部分用直径10厘米的圆木或一劈两开拼凑成木棺。除2座母子合葬墓外，其余都是单人葬，葬式有仰身直肢葬和二次扰乱葬。仰身直肢葬的12座墓中，其中10座墓葬都有意识地截去手指或脚趾，有的被截去一只手指，有的双手或双脚均被截去，或者只截去双脚或双手，这是已知卡约文化墓葬中首次发现。

瓮棺葬都是婴儿葬，墓室皆为椭圆形土坑，墓底一般略有倾斜，有的墓室一端掏出龛洞。采取头高脚低的放置形式，大部分为一墓一瓮棺，个别墓室放置两个瓮棺。瓮内大多葬一个婴儿，也有的放两个，骨架大多腐朽。贵德山坪台卡约文化墓地除随葬陶器外，还出土了石斧、石钺、砺石、石纺轮、骨针、骨锥、铜刀、铜铃等（青海省文物考古队、海南藏族自治州群众艺术馆，1987）。

（三）湟源莫布拉遗址

湟源莫布拉遗址位于湟源县大华乡莫布拉村西的莫布拉沟内。1986年青海省文物考古研究所和湟源县博物馆共同组成发掘小组，对该遗址进行了发掘。

该遗址地层共分3层，第一层为耕土及扰乱层，厚40—70厘米，第二层为灰褐色土，厚10—15厘米，内夹有少量汉代陶片和明清墓葬遗迹，第三层以下为生土。从地层关系看，莫布拉遗址中的文化堆积比较单纯，发现了卡约时期的房址、灰坑等。共发现卡约文化房屋4座。其中F1位于T2中，平面呈不规则的方形，房屋拐角处略有弧度，东西长约4米，南北宽约4.5米。房屋北壁有柱洞6个，西壁有木桩7个，房内还有木桩1个，柱洞1个，居住面为厚约20厘米的坚硬的褐色土。室内西部有三个用石头垒成的灶，其中两个石头灶上放置着2个残陶鬲。室内的东角还有一个红烧土的灶台，放置着一个用石头挤住的陶罐。F2房屋的建造方法与F1基本相同，但发现有木桩、居住面等，F3、F4未见木桩，也未见屋顶，可能是一种帐篷式结构建筑。

莫布拉遗址共发现灰坑4个，其中长方形、圆形灰坑各2个。灰坑内发现了卡约文化陶片、兽骨、河卵石等。该遗址只发现了1座墓，编号为M7，位于T1东部的H2中。墓宽约70、长约180厘米，葬式为二次扰乱葬，人体的胸部和腹部压放着2块石头，墓主人为成年女性。随葬器物有陶罐2个，分别放在人体的头部和脚部；铜指环 1 个，铁刀 1 把，均放在右上肢的下侧；珠饰数枚，放在头部两侧。

　　湟源莫布拉遗址的文化表现与大华中庄基本相同，最大特点是出土了卡约时代的房屋，其中，F1、F2 与仍可在青海地区见到的牲畜棚圈的建造方式类似，而 F3、F4 的建造方式与牧区帐房类似（高东陆、许淑珍，1990）。

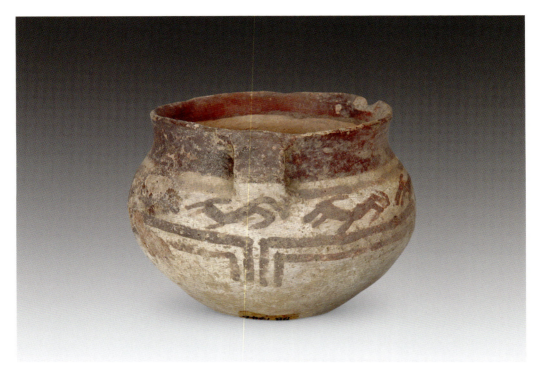

图 87　卡约文化狗纹彩陶罐（青海省博物馆藏品，距今 3200 年）

三　文化内涵

　　如前所述，一般认为卡约文化上承齐家文化而来，但头骨分析表明，这一人群与齐家文化人群有着较大区别，而与藏族 B 型有较大的相似性。从考古年代看，齐家文化和卡约文化之间存在考古学缺环，而与卡约文化大约同时期的辛店文化与齐家文化之间的关系更为紧密，有必要重新审视齐家文化和卡约文化的关系，进而确定卡约文化的文化内涵。

　　我们认为，卡约文化的上源应当是制造了宗日式陶器的宗日文化土著人群。从葬俗上看，宗日文化墓葬二次扰乱葬占发掘墓总数的 13%，二次葬时，将棺椁付之一炬，甚至对人骨进行焚烧。宗日文化有石棺葬，石棺以修整成长方形的石板构成四壁，安放于墓穴之间，均无底板，盖板或有或无。宗日文化中的石棺葬具有时代早、数量多的特点（青海省文物管理处、海南州民族博物馆，1998）。化隆县上半主洼卡约文化墓葬的第一次考古挖掘，发现两座火葬墓，其中 M10 棺内人骨架以泥土包住后再用火烧，使人骨架被红烧土紧紧裹住（青海省文物考古研究所等，1996）。上半主洼卡约文化墓葬除瓮棺葬、木棺葬外，有些墓室两端排列有密集的石块，也有的在墓口上围有大石块，不少墓葬还有头枕石块和脚下垫石的习惯（青海省文物考古研究所，1998）。湟源大华中庄卡约文化墓地第 6、39 号墓随葬有陶器、海贝、马和羊的足趾骨、砾石等物，墓口和墓口中部发现烧灰痕迹（青海省湟源县博物馆等，1985）。火葬和石棺葬一般都被认为是西羌葬俗的典型特征，由宗日文化延续至卡约文化的这些特殊葬俗昭示了二者之间的渊源关系。

图 88　卡约文化回纹双耳彩陶罐（互助县五峰遗址出土，距今 3200 年）

宗日文化人群在距今 4000 年前后受到齐家文化人群的影响，接受了后者的一些文化因素，尤其是与早期农业有关的陶器制作等技艺，所以其陶器形制和纹饰具有齐家文化的一些特点。之后，因气候突变，人们退出河谷地带，在高地草原度过一段较漫长的游猎、畜牧生活，重新进入河谷地带后，又与东来的辛店文化人群展开交往，又一次受东羌文化影响，卡约文化因此具有一定的农业文化特征。总体上，卡约文化人群更倚重畜牧业，拥有在海拔较高地区生存发展的能力，其文化内涵的主体应当是畜牧业所孕育的。

总之，卡约文化与齐家、辛店文化之间既有较强的联系，又有明显的区别，印证了不同文化人群之间的互动与交融。卡约文化是典型的西羌文化，不仅是当时青海地区最为典型的土著文化，对川西、滇北等地的青铜文化也产生过一定的影响（乔虹，2013）。

四　陶器风格

卡约文化陶器以夹砂粗红陶和灰陶为主，泥质红陶和彩陶所占比例较小。总体上，卡约文化陶器制作粗糙，陶土一般不经过淘洗，普遍采用手制，也采用泥条盘筑法，器形普遍较小，陶器以敛器耳及外接帮包小底为主要特征，彩陶颈部及口沿内侧多施以赭色陶衣，俗称"红脖子"，而旋涡纹是卡约文化彩陶的重要标识。

卡约文化陶器器类单纯，几乎只有罐类。形制包括双耳罐、单耳罐和少量的三耳罐、无耳罐。形式一般为侈口，直颈、短颈或细颈，鼓腹或垂腹，平底或圈足，口径6—9、高9—14厘米左右。这些陶器大多便于携带，这是因为牧猎氏族部落的流动性大大超过农业生产部落，陶器之类的生活用具一般不便于携带，又容易打破，而且制作起来工序多，因而只保留几种小型适用的饮食用具。优越性较大的是骨质、石质、铜质、木质和皮质的生活用具，使用这些质料制作的器皿，对于不能长期定点居住的畜牧业氏族部落来说最为适宜（王杰，1991）。

卡约文化陶器胎壁一般较厚，80%以上先将器物制成，再在底部加泥做成底器。因此，底部里面呈弧状，外面为平底或凹形类圈足（青海省文物考古队、湟源县博物馆，1986）。卡约文化的外接帮包式的陶器工艺上承宗日文化，宗日文化乳白色陶的制作方法一般用分段盘筑法，即分段盘筑后再对接成器，器底与下腹壁对接捏合处外张，似假圈足，此为宗日遗址粗陶的一大特征（青海省文物管理处、海南州民族博物馆，1998）。这种分段盘筑法到卡约文化时期更加普遍，卡约文化的陶器基本都是采用泥条盘筑分段套接成器，器物内壁往往遗留有泥条和套接接缝痕迹及凹凸不平的情况，所有器底都采用外接帮包套接方法，器物内底呈圜形，外底周缘较厚或稍突起，有的可以看出帮包套接痕迹。这种分段盘筑的方法因为不是一次性完成，所以有其缺陷，导致器底一般较厚而且无论是圈足还是平底，器底都小、易于脱落（高东陆，1993）。总之，卡约陶工尽管采用了泥条盘筑法和慢轮修造术，但其技法显然落后于同时期的辛店文化。

　　海西地区的诺木洪文化应当属于卡约文化后期类型。1957年，诺木洪搭里他里哈遗址出土了具有卡约文化特征的陶器，分夹砂灰陶和夹砂红陶两种，其中以夹砂灰陶较多，器形有大口罐、双耳罐、单耳罐、瓮、盆等，制法主要用泥条盘筑，但器耳、圈足和小型器物也采用捏制法。陶器除多数为素面外，有彩绘、压印纹、席纹、布纹、篮纹、堆纹、刺纹、弦纹和小圆圈纹。该遗址发现了一件牦牛陶塑，两角及尾部稍残，头部两侧不对称，背部呈波浪形，毛长及地，显得短矮。考古工作者认为牦牛在当时可能是西羌的家畜之一（青海省文物管理委员会、中国科学院考古研究所青海队，1963）。

图 89　诺木洪文化陶牦牛（都兰县诺木洪遗址出土，距今 2800 年）

　　1980年发掘的循化阿哈特拉山卡约文化遗址和随葬品中，陶器以夹砂粗红陶为主，夹细砂和灰陶为辅。彩陶有相当数量，在器表和口颈内部多施一层红褐色陶衣，器底较小，内凹成圈足。考古工作者按器型把出土陶器分为堆纹口沿罐、小口双耳罐、单耳杯、直口壶、球腹罐、大口双耳罐、双大耳罐等 11 类。彩陶大都施黑彩，施彩方式有三种：一种是在抹平或磨光的器表直接绘彩；一种是先涂上一层红色、紫色或橙黄色陶衣，然后再绘彩；另一种是仅施陶衣（多为红色）不绘彩。彩绘纹样有绳纹、划纹和附加堆纹，彩陶图案主要有：1. 多线三角纹，多施于大口双耳罐腹部、颈部或腹耳壶颈部。2. 网格纹，多绘于大口双耳罐、腹耳壶的腹部、颈部。3. 连续三角纹和"勾"字纹较为普遍。

4.动物纹极为丰富，计有大角羊、绵羊、大角鹿、鱼、虾、蛙、羊头、蛇等纹样。动物形象或静止或奔驰，跃然器表。这种纹饰主要见于大口双耳罐、双大耳罐的腹部、耳部。5.植物纹，基本为草本植物，一般饰于大口双耳罐、腹耳壶的腹部，少数见于耳部。此外，还有彩绘符号、波折纹、平行线纹、双线连续回纹、菱纹、涡形纹、"S"形纹等。这个遗址出土了一件鹿纹彩陶罐，在腹部饰七只伫立张望的大角鹿图案，鹿纹间距基本相同，用弧线勾勒出鹿的轮廓，突出表现分叉的鹿角（许新国，1983）。

1981 年，发掘了贵德山坪台卡约文化墓葬。有随葬陶器的墓共 27 座，每座墓葬一般出土一两件陶器，器形都较小，均为手制，制作粗糙，器底一律采用后加包底做法，器型有双耳陶罐、单耳陶罐和陶盆等，一些彩陶的腹部施以大三角折线纹黑色彩带，或口沿饰附加印花纹等（青海省文物考古队、海南藏族自治州群众艺术馆，1987）。

1990 年，化隆县上半主洼 M28 出土了一件饰有鹰纹的彩陶罐，是该遗址中发现的唯一一件彩陶罐。这件陶器为上鼓腹，平底，饰红陶衣。陶衣薄，因而

图 90　卡约文化对称鹰纹彩陶罐（化隆县雄先乡上半主洼村出土，距今 3200 年）

脱落严重。两耳外表画有黑彩树形纹，两侧颈部绘有展翅鹰纹，腹上部饰有三角纹，三角内画有斜线纹或网格纹。口径 8 、最大腹径 12.6、底径 5.6、高 15 厘米。鹰的图案以两耳为界，颈部各饰一只飞鹰纹，头扭向一侧，双翅张开，尾部呈倒"V"形，写实性强（青海省文物考古研究所，1998）。

　　总之，卡约文化彩陶的"红脖子"及其动物纹饰颇具有浓厚的地方特色，反映了当时人们社会生活的基本状况。卡约文化彩陶纹样生动活泼，纹饰朴拙简约，生动地表现了卡约人群的文化意识和审美情趣。卡约文化中彩陶数量经历了一个由少到多的过程，其中，青海黄河流域发现的卡约文化彩陶数量、精细程度及动物类纹样等都强于湟水流域，而后者受"唐汪式"陶器的影响，自身特点趋于简化，到后期彩陶也多了起来（乔虹，2013），而这又生动地反映了卡约文化受到辛店文化影响的基本情况。

参考文献

1. 〔瑞典〕安特生：《甘肃考古记》，《地质专报》甲种第五号，1925 年。

2. 夏鼐：《临洮寺洼山发掘记》，《中国考古学报》1949 年第 4 期。

3. 〔苏联〕瓦西里耶夫：《古代中国文明的起源》，苏联《历史研究》1974 年 12 月。

4. 邓建富：《试以文化变迁理论评马家窑文化的起源、发展说》，《中原文物》1995 年第 3 期。

5. 吕振羽：《从远古文化遗存看我国各民族的历史关系》，《人民日报》1960 年 4 月 23 日。

6. 石兴邦：《有关马家窑文化的一些问题》，《考古》1962 年第 6 期。

7. 苏秉琦：《关于仰韶文化的若干问题》，《苏秉琦考古学论述选集》，文物出版社 1984 年版，第 183 页。

8. 严文明：《甘肃彩陶的源流》，《文物》1978 年第 10 期。

9. 张强禄：《马家窑文化与仰韶文化的关系》，《考古》2002 年第 1 期。

10. 杨建芳：《略论仰韶文化和马家窑文化的分期》，《考古学报》1962 年第 1 期。

11. 青海省文物考古队：《青海民和阳洼坡遗址试掘简报》，《考古》1984 年第 1 期。

12. 曾骐：《黄河流域史前文化中的彩陶》，《中山大学学报》（社会科学版）1992 年第 4 期。

13. 夏鼐：《齐家期墓葬的新发现及其年代的改订》，《中国考古学报》1948 年第 3 期。

14. 青海省文物管理处考古队、北京大学历史系考古专业：《青海乐都柳湾原始社会墓葬第一次发掘的初步收获》，《文物》1976 年第 1 期。

15. 夏鼐：《碳 -14 测定年代和中国史前考古学》，《考古》1977 年第 4 期。

16. 端居：《齐家文化是马家窑文化的继续和发展》，《考古》1976 年第 6 期。

17. 谢端琚：《试论齐家文化与陕西龙山文化的关系》，《文物》1979 年第

10 期。

18. 叶茂林：《齐家文化农业发展的生态化适应：原始草作农业初探——以青海喇家遗址为例》，《农业考古》2015 年第 6 期。

19. 梁星彭：《试论客省庄二期文化》，《考古学报》1994 年第 4 期。

20. 竺可桢：《中国近五千年来气候变迁的初步研究》，《考古学报》1972 年第 1 期。

21. 张俊娜、夏正楷：《中原地区 4ka BP 前后异常洪水事件的沉积证据》，《地理学报》2011 年第 5 期。

22. 张强等：《长江三峡大宁河流域三千年来沉积环境与河床演变初步研究》，《水利学报》2002 年第 9 期。

23. 白九江等：《玉溪遗址古洪水遗存的考古发现和研究》，《科学通报》2008 年第 S1 期。

24. 夏正楷等：《青海喇家遗址史前灾难事件》，《科学通报》2003 年第 11 期。

25. 俞伟超：《龙山文化与良渚文化衰变的奥秘》，《古史的考古学探索》，文物出版社 2002 年版，第 114—116 页。

26. 南玉泉：《辛店文化序列及其与长约、寺洼文化的关系》，俞伟超主编：《考古类型学的理论与实践》，文物出版社 1989 年版，第 79、107 页。

27. 张学正等：《辛店文化研究》，苏秉琦主编：《考古学文化论集（三）》，文物出版社 1993 年版，第 124—126、142—143 页。

28. 水涛：《甘青地区青铜时代的文化结构和经济形态研究》，《中国西北地区青铜时代考古论集》，科学出版社 2001 年版，第 205—220 页。

29. 王明辉、朱泓：《民和核桃庄史前文化墓地人骨研究》，青海省文物考古研究所等：《民和核桃庄》，科学出版社 2004 年版，第 303—305 页。

30. 青海省文物管理处考古队、中国社会科学院考古研究所：《青海柳湾》（上），文物出版社 1984 年版，第 32、49、97、159、193、200、234—236、248、261—278 页。

31. 李健胜、武刚：《早期羌史研究》，人民出版社 2014 年版，第 47—49、52—53 页。

32. 俞伟超：《关于卡约文化和唐汪文化的新认识》，《先秦两汉考古学论集》，文物出版社 1985 年版，第 199—203 页。

33. 张君：《青海李家山卡约文化墓地人骨种系研究》，《考古学报》1993 年第 3 期。

34. 汤惠生、李一全：《高原考古学：青藏地区的史前研究》，《中国藏学》2012 第 3 期。

35. 盖培、王国道：《黄河上游拉乙亥中石器时代遗址发掘报告》，《人类学学报》1983 年第 1 期。

36. 侯毅：《从最近的考古发现看北方粟作农业的起源问题》，《北方文物》2007 年第 2 期。

37. 刘军社：《黄河流域史前粟作文化遗存的发现与研究》，《农业考古》2000 年第 3 期。

38. 严文明：《甘肃彩陶的源流》，《仰韶文化研究》（增订本），文物出版社 2009 年版，第 359 页。

39. 李伯谦：《论文化因素分析方法》，《中国文物报》1989 年第 44 期第 3 版。

40. 罗新、田建文：《庙底沟二期文化研究》，《文物季刊》1994 年第 2 期。

41. 高炜：《龙山时代的礼制》，王仁湘主编：《中国考古人类学百年文选》，知识产权出版社 2009 年版，第 285—297 页。

42. 张岱年、方克立主编：《中国文化概论》，北京师范大学出版社 2004 年版，第 179 页。

43. 李水城：《半山与马厂彩陶研究》，北京大学出版社 1998 年版，第 198—199 页。

44. 张忠培：《仰韶时代——史前社会的繁荣与向文明时代的转变》，《文物季刊》1997 年第 1 期。

45. 韩建业：《半山类型的形成与东部文化的西迁》，《考古与文物》2007 年第 3 期。

46. 陈琳国：《东羌与西羌辨析》，《史学月刊》2008 年第 4 期。

47. 李健胜：《夷夏羌东中西说》，《青藏高原论坛》2014 年第 4 期。

48. 王明珂：《游牧者的抉择》，广西师范大学出版社 2008 年版，第 179—191 页。

49. 葛剑雄主编：《中国移民史》（第 1 卷），福建人民出版社 1997 年版，第 48 页。

50. 李健胜：《汉族移民与河湟地区的人文生态变迁》，《西北人口》2010 年第 4 期。

51. 段小强：《马家窑文化彩陶蛙形纹饰新解》，《兰州学刊》2009 年第 9 期。

52. 国家文物局主编：《中国文物地图集·青海分册》，中国地图出版社 1996 年版。

53. 安志敏：《略论甘肃东乡自治县唐汪川的陶器》，《考古学报》1957 年第 2 期。

54. 段小强：《马家窑文化》，文物出版社 2011 年版，第 33 页。

55. 马承源：《略论仰韶文化和马家窑文化的问题》，《考古》1961 年第 7 期。

56. 杨建芳：《略论仰韶文化和马家窑文化的分期》，《考古学报》1962 年第 1 期。

57. 甘肃省博物馆连城考古发掘队、北京大学历史系考古专业连城考古发掘队：《从马家窑类型驳瓦西里耶夫的"中国文化西来说"》，《文物》1976 年第 3 期。

58. 谢端琚：《论石岭下类型的文化性质》，《文物》1981 年第 4 期。

59. 阎渭清：《略论大地湾遗址的发掘意义》，《西北史地》1988 年第 3 期。

60. 丁见祥：《马家窑文化的分期、分布、来源及其与周边文化的关系》，《古代文明》（辑刊），2010 年。

61. 崔永红：《青海经济史（古代卷）》，青海人民出版社 1998 年版，第 18 页。

62. 高东陆：《同德县巴沟乡兔儿滩马家窑文化半山类型遗址发现记》，《青海考古学会会刊》1985 年第 7 期。

63. 青海省文物管理处、海南州民族博物馆：《青海同德县宗日遗址发掘简报》，《考古》1998 年第 5 期。

64. 西北大学文博学院、青海省文化厅文物处：《试论宗日遗址的文化性质》，《考古》1998 年第 5 期。

65. 崔亚平等：《宗日遗址人骨的稳定同位素分析》，《第四纪研究》2006 年第 4 期。

66. 洪玲玉等：《移民、贸易、仿制与创新——宗日遗址新石器时代晚期陶器分析》，《考古学研究》（辑刊），2012 年。

67. 陈洪海：《宗日遗存研究》，北京大学考古文博学院博士学位论文，2002 年。

68. 洪玲玉等：《川西马家窑类型彩陶产源分析与探讨》，《南方民族考古》（辑刊），2011 年。

69. 短绠：《四川茂汶羌族自治县考古调查》，《考古》1959 年第 9 期。

70. 西藏自治区文物管理委员会、四川大学历史系：《昌都卡若》，文物出版社 1985 年版，第 139、140、152—153 页。

71. 霍巍：《西藏高原史前时期墓葬的考古发现与研究》，《中国藏学》1994 年第 4 期。

72. 西藏自治区文管会文物普查队：《西藏山南隆子县石棺墓的调查与清理》，《考古》1994 年第 7 期。

73. 傅大雄：《西藏昌果沟遗址新石器时代农作物遗存的发现、鉴定与研究》，《考古》2001 年第 3 期。

74. 崔永红等主编：《青海通史》，青海人民出版社 1999 年版，第 8、12 页。

75. 陈绶祥：《遮蔽的文明》，北京时代华文书局 2016 年版，第 145 页。

76. 郑为：《中国彩陶艺术》，上海人民出版社 1985 年版，第 26—27 页。

77. 王巍：《中国考古学大辞典》，上海辞书出版社 2014 年版，第 190 页。

78. 朱志荣、徐云敏：《马家窑彩陶的审美特征》，《西北师大学报》（社会科学版）2007 年第 1 期。

79. 韩建业：《早期中国——中国文化圈的形成和发展》，上海古籍出版社 2015 年版，第 182 页。

80. 李泽厚：《美的历程》，广西师范大学出版社 2000 年版，第 27、36 页。

81. 李智信：《关于马厂类型四大圆圈纹与蛙纹的几点看法》，《考古与文物》1995 年第 4 期。

82. 青海省文物管理处考古队：《青海大通县上孙家寨出土的舞蹈纹彩陶盆》，《文物》1978 年第 3 期。

83. 徐峰：《马家窑舞蹈盆及相关彩陶纹饰的文化隐喻初探》，西安半坡博物馆、良渚文化博物馆编：《史前研究》，三秦出版社 2005 年版，第 312 页。

84. 王真：《关于马家窑时期原始舞蹈的几个问题》，《史学月刊》1983 年第 6 期。

85. 王伟章：《从马家窑文化的新发现——舞蹈彩陶盆谈古羌人的审美意识》，《青海社会科学》1996 年第 2 期

86. 霍福：《青海宗日舞蹈盆的文化符号学分析》，《青海民族研究》2005 年第 3 期。

87. （清）阮元校刻：《十三经注疏》第二册《周礼注疏》，中华书局 2009 年版，第 1730 页。

88. 胡桂芬：《丝绸之路沿线史前彩陶异形器物研究》，《青海师范大学学报》（哲学社会科学版）2017 年第 5 期。

89. 青海省文物考古队：《青海民和县阳山墓地发掘简报》，《考古》1984 年第 5 期。

90. 高天麟：《黄河流域新石器时代的陶鼓辨析》，《考古学报》1991 年第 2 期。

91. 尚民杰：《柳湾彩绘符号试析》，《文博》1988 年第 3 期。

92. 王先胜：《关于八卦符号及史前研究问题——兼与李学勤先生商榷》，《社会科学评论》2009 年第 3 期。

93. 王志安：《马家窑文化彩陶上发现中国最早可释读文字》，《中国文物报》2011 年 8 月 31 日第 7 版。

94.《吕氏春秋·用民》，《诸子集成》第 6 册，中华书局 1954 年版，第 244 页。

95. 石陶：《黄河上游的父系氏族社会——齐家文化社会经济形态的探索》，

《考古》1961 年第 1 期。

96. 中国科学院考古研究所实验室：《放射性碳素测定年代报告（一）》，《考古》1972 年第 1 期。

97. 齐永贺：《内蒙古白音浩特发现的齐家文化遗物》，《考古》1962 年第 1 期。

98. 宁夏回族自治区展览馆：《宁夏固原海家湾齐家文化墓葬》，《考古》1973 年第 5 期。

99. 王进寿等：《东昆仑祁漫塔格山发现青海齐家文化石器》，《地球科学》2003 年第 4 期。

100. 王国道：《青海早期铜器的讨论》，《青海社会科学》1999 年第 6 期。

101. 夏正楷等：《青海喇家遗址史前灾难事件》，《科学通报》2003 年第 11 期。

102. 叶茂林：《青海民和喇家史前遗址的发掘》，《考古》2002 年第 7 期。

103. 中国社会科学院考古研究所甘青工作队、青海省文物考古研究所：《青海民和喇家遗址发现齐家文化祭坛和干栏式建筑》，《考古》2004 年第 6 期。

104. 谢端琚：《略论齐家文化墓葬》，《考古》1986 年第 2 期。

105. 叶茂林：《齐家文化农业发展的生态化适应：原始草作农业初探——以青海喇家遗址为例》，《农业考古》2015 年第 6 期。

106. 徐建炜等：《青海同德宗日遗址出土铜器的初步科学分析》，《西域研究》2010 年第 2 期。

107. 安志敏：《试论中国的早期铜器》，《考古》1993 年第 12 期。

108. 李水城：《西北与中原早期冶铜业的区域特征及交互作用》，《考古学报》2005 年第 3 期。

109. 刘满：《西北黄河古渡考（一）》，《敦煌学辑刊》2005 年第 1 期。

110. 李健胜：《拉乙亥文化述论》，《青海社会科学》2009 年第 4 期。

111. 青海省文物考古研究所、北京大学考古文博学院：《贵南尕马台》，科学出版社 2016 年版，第 104、123、127、130—133、146—147 页。

112. 任小燕等：《青海民和县喇家遗址 2000 年发掘简报》，《考古》2002 年第 12 期。

113. 幸晓峰等：《青海喇家遗址出土玉石器的音乐声学测量及初步探讨》，《考古》2009 年第 3 期。

114. 叶茂林、何克洲：《青海民和县喇家遗址出土齐家文化玉器》，《考古》2002 年第 12 期。

115. 吕厚远等：《青海喇家遗址出土 4000 年前面条的成分分析与复制》，《科学通报》2015 年第 8 期。

116. 闫璘、柳春城：《羌人渊源考释》，《青海民族研究》2001 年第 1 期。

117. 段小强：《马家窑文化》，文物出版社 2011 年版，第 240—248 页。

118. 潘其风、韩康信：《柳湾墓地的人骨研究》，青海省文物管理处考古队、中国社会科学院考古研究所：《青海柳湾》，文物出版社 1984 年版，第 261—278 页。

119. 张卉：《齐家文化彩陶的艺术价值和地位》，《南京艺术学院学报》（美术与设计版）2015 年第 4 期。

120. 徐中舒：《徐中舒先秦史讲义》，天津古籍出版社 2008 年版，第 13 页。

121. 安志敏：《甘肃远古文化及其有关的几个问题》，《考古通讯》1956 年第 6 期。

122. 高东陆：《略论卡约文化》，《青海社会科学》1993 年第 1 期。

123. 刘宝爱：《宝鸡发现辛店文化陶器》，《考古》1985 年第 9 期。

124. 许新国：《青海互助土族自治县总寨马厂、齐家、辛店文化墓葬》，《考古》1986 年第 4 期。

125. 青海省文物考古研究所等：《民和核桃庄》，科学出版社 2004 年版，第 7、10—31、280 页。

126. 何克洲：《青海民和县喇家遗址的辛店文化墓葬》，《考古》2015 年第 3 期。

127. 任瑞波：《论喇家遗址"辛店文化"墓葬的文化归属》，《考古》2017 年第 5 期。

128. 北京大学历史系考古专业碳十四实验室：《碳十四年代测定报告（续一）》，《文物》1978 年第 5 期。

129. 水涛：《辛店文化研究》，《中国西北地区青铜时代考古论集》，科学出版社 2001 年版，第 131、132 页。

130. 青海省文物管理处：《青海民和核桃庄山家头墓地清理简报》，《文物》1992 年第 11 期。

131. 王杰：《试析卡约文化的经济形态》，《江汉考古》1991 年第 3 期。

132. 中国社会科学院考古研究所、青海省文物考古研究所：《青海互助丰台卡约文化遗址浮选结果分析报告》，《考古与文物》2004 年第 2 期。

133. 王明珂：《华夏边缘——历史记忆与族群认同》，社会科学文献出版社 2006 年版，第 72 页。

134. 许新国：《循化阿哈特拉山卡约文化墓地初探》，《青海社会科学》1983 年第 5 期。

135. 许新国：《试论卡约文化的类型与分期》，《西陲之地与东西方文明》，北京燕山出版社 2006 年版，第 45 页。

136. 青海省文物考古队、海南藏族自治州群众艺术馆：《青海贵德山坪台卡约文化墓地》，《考古学报》1987 年第 2 期。

137. 高东陆、许淑珍：《青海湟源莫布拉卡约文化遗址发掘简报》，《考古》1990 年第 11 期。

138. 青海省文物考古研究所等：《青海化隆县半主洼卡约文化墓葬发掘简报》，《考古》1996 年第 8 期。

139. 青海省文物考古研究所：《青海化隆县上半主洼卡约文化墓地第二次发掘》，《考古》1998 年第 1 期。

140. 青海省湟源县博物馆等：《青海湟源县大华中庄卡约文化墓地发掘简报》，《考古与文物》1985 年第 5 期。

141. 乔虹：《浅析卡约文化陶器与周边地区的文化交流》，《四川文物》2013 年第 3 期。

142. 青海省文物考古队、湟源县博物馆：《青海湟源县境内的卡约文化遗迹》，《考古》1986 年第 10 期。

143. 青海省文物管理委员会、中国科学院考古研究所青海队：《青海都兰县诺木洪搭里他里哈遗址调查与试掘》，《考古学报》1963 年第 1 期。